생각머리 영어 독서법

영어가 만만해지고 좋아지는
생각머리 영어 독서법

초판 1쇄 발행 2019년 8월 14일
초판 4쇄 발행 2021년 8월 10일

지은이 최근주

발행인 백유미 조영석
발행처 (주)라온아시아
주소 서울특별시 서초구 효령로 34길 4, 프린스효령빌딩 5F

등록 2016년 7월 5일 제 2016-000141호
전화 070-7600-8230 **팩스** 070-4754-2473

값 14,000원
ISBN 979-11-90233-07-1 (03370)

라온북은 독자 여러분의 소중한 원고를 기다리고 있습니다. (raonbook@raonasia.co.kr)

영어가 만만해지고 좋아지는

생각머리 영어 독서법

최근주 지음

RAON
BOOK

영어 독서법은 왜 영어 잘하는 아이로 성장시키는가?

8년 전 이신애 저자의 《잠수네 아이들의 소문난 영어공부법》(랜덤하우스코리아, 2011)을 처음 읽고 무척 가슴이 설렜다. '그래!! 바로 이거야! 영어는 이렇게 배우는 거지!' 하며 남편을 설득해 부랴부랴 나 홀로 오픈했던 '무지개빛 영어도서관' 공부방을 시작으로 지금까지 영어 독서 교육의 길을 꾸준히 걸어왔다.

영어책만 읽으면 누구나 원어민 수준의 영어가 술술 될 줄 알았던 그 시절부터 8년 가까이 초등생들에게 영어 독서를 지도하면서, 이제는 성공적으로 영어 독서를 완수해내려면 무엇이 필요한지 분명히 깨닫게 되었다. 몇 년 전 키즈엔리딩 원영빈 대표의 《공부방의 여왕》(샘앤파커스, 2013)을 처음 읽으면서, 문제의 정답을 알아낸 학생처럼 며칠 동안 흥분을 감추지 못했다. 그 책을 통해 아이들에게 영어책을 재미있게 읽히는 방법이 따로 있다는 것을 알게 되었기 때문이다.

영어 공부가 책 읽는 즐거움을 빼앗는다

기존의 영어 학습에 답답함을 느낀 엄마들이 자기 자녀들에게 영어책을 직접 읽히는 엄마표 영어가 조금씩 엄마들의 입소문을 타고 세상에 알려진 지 이제 20년이 다 되어간다. 그래서일까? 이제는 영어책 읽기의 중요성과 그 효과를 알고, 엄마표 영어를 하거나 리딩 전문 영어 학원을 찾는 엄마들이 많아졌다. 그래서 요즘에는 대형 학원에서도 리딩 프로그램을 필수적으로 넣고, 영어 공부방에서조차 영어 원서 읽기를 넣지 않으면 안 되는 추세라고 한다.

그러나 많은 영어책을 일일이 다 읽고 그 책들을 바탕으로 아이들을 지도한 경험이 두터운, 진짜 실력 있는 선생님을 찾기란 쉽지 않다. 영어 독서를 가르치는 선생님들은 대부분 본인이 직접 영어 원서를 읽지 않고 학생들에게만 읽히며, 북퀴즈를 내는 방식으로 수업을 진행한다. 또 '내 아이의 엄마표 영어 성공 사례담'을 책으로 내는 훌륭한 엄마들도 있지만, 아쉽게도 그 아이와 '내' 아이는 다르다. 그 특별한 아이처럼 되기를 기대하고 '내' 아이를 다그치다 보면 오히려 영어 교육도 실패하고 아이와 사이만 안 좋아질 수 있다. 사실 엄마표 영어로 성공하려면 언어 재능을 타고난 뛰어난 아이와 열정과 끈기가 있는 슈퍼맘의 완벽한 조합이 필요하기 때문이다.

너도나도 영어 독서에 뛰어들고는 있지만, 여전히 대부분의 리딩 프로그램들이 영어책을 읽어야 하는 당사자인 아이들의 마음에는 관심이 별로 없다. 안타깝게도 오로지 빨리 영어 실력이 늘기만을 초조하게 바라보는 어른들의 눈높이에 맞춰져 있다. 아이의 리딩 레벨을 끊임없이 확인하려 들면서 책 읽는 즐거움을 앗아가고 있다. 영어책에 나온 단어 시험을 보고, 북리포트를 쓰게 하면서 그 재미있는 영어책을 문제집처럼 사용하고 있다. 또는 자기 레벨보다 훨씬 어려운 책을 분석하는 식으로 가르치면서 영어책에 대한 좌절감과 거부감을 키우고 있다. 성급한 부모들에게 하루빨리 "우리 학원의 학생들은 이렇게 두꺼운 영어책을 읽어요"라고 보여주기 위해서 말이다.

필자가 영어 독서를 지도한 지 2년이 채 되지 않았을 때의 일이다. 자녀를 보내기 위해 첫 상담을 오셨던 한 엄마의 말이 아직도 잊혀지지 않는다.

"저는 영어를 잘하게 하려고 영어 독서 공부방을 보내려는 게 아니에요. 저는 아이가 평생 책을 사랑하는 사람이 되었으면 해요. 영어 공부도 책으로 배워 책을 사랑하는 아이로 키우고 싶습니다."

그렇다. 이 엄마의 소망이 바로 내 꿈이다. 아이들을 향한 내 영어 독서에 대한 목표는 한글책뿐만 아니라 영어로 된 책도 즐겨 읽어서 평생 책을 사랑하는 사람으로 키우는 것이다. 영어 실력은 그 과정에서 자연스럽게 얻어지는 결과이지 그 자체가 목표는 아니다. 영어 원서를 읽고 스스로 언어를 습득하는 과정에서 아이들은 '생각'이라는 사고의 과정을 거칠 수밖에 없다. 그림을 관찰하면서 무슨 뜻일까 생각하고, 소리와 문자에 일정한 규칙이 있음도 생각한다. 선생님이 일방적으로 가르쳐주는 것을 수동적으로 받아들이는 것이 아니라 자기가 스스로 배우는 것이다. 선생님은 그저 코치처럼 영어책의 흥미진진한 세계로 안내

하는 것뿐이다.

어떤 때는 내가 아는 것을 곧바로 가르쳐주고 싶은 마음을 내려놓는 것이 어렵지만, 아이들이 스스로 깨달아가며 배움의 기쁨을 알아가고 내가 너무나 사랑하는 영어책의 매력에 빠져드는 것을 목격하는 일은 나에게 크나큰 보람이다. 특히 아이들이 초등학생 때 영어책과 사랑에 빠지면 영어를 배우는 과정에서 맛보는 즐거움을 알게 되어 영어를 더욱 적극적으로 배우는 사람으로 자라게 된다. 이는 아이가 평생 영어 능통자의 삶을 누릴 수 있는 밑거름이 되어준다.

영어는 정말 골칫덩이일까?

'정말 고통 없이 즐겁게 영어를 잘하게 할 수 있는 방법은 없는 것일까? 내 아이도 몇십 년 전에 내가 배웠던 영어 공부의 고통스러운 과정을 똑같이 반복해야만 하는 걸까?'

이것이 8년 전 여섯 살, 일곱 살 연년생 남매를 둔 나의 고민이었다.

지나고 보니, 우리 아이들은 정말 일반 영어 학원에 어울리는 타입이 아니었다. 아들은 너무너무 산만해서, 1학년 때부터 참관 수업에 갈 때마다 담임선생님의 지시를 제대로 듣고 그대로 하는 모습을 단 한 차례도 본 적이 없었다. 책 몇 페이지를 펴라고 하면 반 아이들은 모두 책을 펴는데 혼자서만 다른 행동을 했다. 3학년 때부터 보낸 수학 공부방 선생님은, 본인이 10년 동안 공부방을 하면서 우리 아들처럼 산만한 아이는 처음 봤다고 하셨다. 딸아이는 또 어떤가? 영어 단어를 진짜 못 외웠다. 아무리 파닉스를 알려줘도 소용이 없었다. 싸우다 못해 2학년 때부터 영어 단어 외우게 하는 걸 포기했다. 그러나 이야기를 좋아하는 아이들이라 영어책은 재미있게 집중해서 읽었다.

이런 우리 아이들이 암기 위주의 주입식 영어 학원을 다녔다면 어땠을까? 아들은 산만해서 무엇 하나 제대로 못 배웠을 것이고 딸은 학원에서 치르는 단어 시험에 질려 일찌감치 영어를 싫어하는 아이가 되었을 것이다. 하지만 영어 독서로 우리 아이들은 '나는 영어를 잘하는 사람이야'라는 자신감과 함께 뛰어난 영어 실력을 갖추게 되었다.

8년 동안 영어 독서를 지도하면서 우리 아이들을 비롯한 성향과 재능이 다른 수많은 아이들과 엄마들을 만났다. 그 결과 나는 왜 어떤 아이들은 리딩으로 원어민 수준에 이르러 영어로부터 자유로움을 누리고 왜 어떤 아이들은 중간에 포기하게 될 수밖에 없었는지 알게 되었다. 또 그동안 읽은 수천 권의 영어책 덕분에 나는 아이들에게 영어 원서를 읽는 기쁨을 전해줄 수 있었다. 이는 내가 먼저 영어책의 매력에 빠진 덕이 크다. 나는 수많은 영어 DVD 시리즈를 보고 이를 아이들에게 보여주었고, 그들의 반응과 결과를 가까이에서 목격했다. 키즈엔리딩을 운영할 때는 전국의 원장들과 어떻게 하면 아이들에게 행복하게 영어책을 읽힐 수 있는지 끊임없이 연구했다. 그것들은 무엇과도 바꿀 수 없는 나만의 특별한 노하우가 되었다.

영어를 억지로 '학습'을 통해 아이의 머릿속에 쑤셔넣는 것이 아니라 자연스럽게 영어책의 재미에 빠지게 함으로써 '습득'할 수 있게 도와주는 것, 영어가 쉽고 재미있다는 느낌을 아이에게 주는 것, 자신도 모르게 영어가 술술 읽히고 영어로 말하게 되는 방법이 있다.

이 책에서는 왜 영어 독서로 영어를 해야 하는지, 어떻게 처음 영어 책을 접하는 아이들을 영어책 읽는 아이로 만들고, 계속해서 영어책을 사랑하고 즐기는 아이로 이끌어갈지를 이야기할 것이다. 또한 영어 리스닝과 스피킹을 위한 영어 만화 보기에 대해서도 자세히 다룰 것이다. 제대로 말하고 읽고 쓰지도 못하면서 배우는 과정만 지나치게 고통스러웠던 기존의 영어 교육 방법에서 벗어나 원어민 수준에 이르는 즐거운 영어 교육 방법을 찾는 엄마들과 영어 선생님들에게, 이 책이 큰 도움이 되리라 믿는다.

목 차

3장 ——————————— 영어 독서에 빠뜨리기

4장 — 리스닝과 스피킹이 되는 영어 DVD 활용하기

부록 ——————— 아이를 위한 영어 자료 추천 리스트

1장

독서가
공부를
이긴다

"I hate English!"

고등학교 때 내 꿈은 스튜어디스였지만 난 이 꿈을 오래 간직하지 못하고 금세 포기했다. '영어를 못하니까 스튜어디스는 못 될 거야'라고 생각했던 것 같다. 물론 그만큼 그 꿈이 간절하지 않았을 수도 있고, 그만큼 내가 영어를 싫어했기 때문일 수도 있다.

영어가 앗아간 첫사랑

그보다 더 속상했던 일은 대학교 3학년 때, 영어 때문에 첫사랑과 제대로 말도 해보지 못한 것이다. 큰 키는 아니었지만 매력적이었던 그를 처음 만난 곳은 일본 후쿠오카에서 열린 '지구대회' 오리엔테이션 장소였다. 지구대회는 전 세계 학생과 직장인들이 2주 동안 일본인 가정에서 홈스테이를 하면서 일본 문화를 경험하는 행사였다.

내 옆자리에 앉은 그가 "Are you nervous?"라고 물었는데, 나는 무슨 말인지 못 알아들었다. 내 영어 실력이 얼마나 참담했는지…… 그는 냅킨에 한자로 '긴장'이라고 썼고, 그제야 무슨 뜻인지 알아들은 나는 간신히 "Yes"라고 대답했다.

영어, 스페인어, 불어, 독어, 중국어 5개 국어에 능통했던 그는 내가 그중 하나라도 할 수 있는지 물었지만, 그 당시 내가 할 수 있었던 것은 일본어뿐이었다. 그 대회에 참석한 다른 참가자들은 다 일본어가 가능했다. 일본어를 못하는 그가 어떻게 그 대회에 초청받았을까는 지금도 의문이다. 아마도 대만 외교관 아들로서 특권을 누린 것이 아니었을까 추측해볼 뿐이다.

어쨌든 그 후로 우리는 서로에게 호감을 느껴서 각종 행사 때마다 나란히 걸었지만 대화가 제대로 될 리 없었다. 내가 길가의 꽃을 보고 "Yellow flowers"라며 조금의 영어라도 하면 그는 영어를 잘한다며 크게 웃어주곤 했다. 아! 내가 할 수 있었던 영어가 그렇게 없었던 것이다.

지구대회가 거의 끝나갈 무렵, 바닷가에서 그가 영어로 물었다.

"Do you like it?"

'it? it이 뭘 가리키는 거지? 뭘 좋아하냐고 묻는 거지?'

이 표현이 '마음에 들어?'라는 뜻이었다는 것은, 세월이 한참 흘러 영화로 배우는 라디오 방송 〈굿모닝 팝스〉를 듣고서야 알게 되었다.

단둘이 오붓하게 배를 탔는데도 대화가 안 되니까 정말 답답했다. 고등학교 때 버스를 기다리며, 아니 버스 안에서도 영어 단어를 외웠던 내 모습, 수없이 영어 문제집과 씨름하던 내 모습이 불현듯 떠올랐다. 몇 년 동안이나 학교에서 영어를 배웠는데 이렇게 영어로 말 한마디 하기 힘들다니 너무 화가 났다. 배 안에서 나는 내 모든 영어 실력을 총동원하여 한마디 했다.

"I hate English!"

내 말에 깜짝 놀란 그는 "hate?!" 하면서 토끼 눈을 했다. 그의 그 놀란 얼굴이 지금도 잊히지 않는다. 결국 우리는 대화가 안 돼서 도저히 더 이상 가까워질 수가 없었다. 서로 마주 보고 웃고만 있을 수는 없으니까. 그는 일본어를 못하고 나는 영어, 스페인어, 불어, 독어, 중국어를 못했기에. 그렇게 영어는 나의 첫사랑을 망쳐버렸다.

영어는 암기 과목이 아니다

내가 영어를 처음부터 싫어했던 것은 아니었다. 중학교 때는 교과서 본문만 외우면 되니까 영어가 어렵게 느껴지지 않았고, 성적도 좋았다. 고등학교 입학 때 치른 시험에서도 영어 100점을 받고 영어 우수반에 들어간 나였다. 그러나 중학교 영어와 고등학교 영어의 난이도는 한 단계가 아니라 열 단계는 점프한 것처럼 느껴졌다.

내가 얼마나 영어를 열심히 공부했던가, 아니 더 정확하게 표현하자면 내가 얼마나 열심히 영어 단어를 외웠던가? 나는 암기를 정말 잘했다. 모든 암기 과목은 거의 만점이었다. 그리고 모든 자투리 시간을 활용하여 영어 단어를 외웠다. 그러나 긴 영어 문장을 보면 도통 무슨 내용인지 알 수가 없었다. 영어에서 단어는 중요하다. 하지만 영어 독서를 하지 않고 단어만 달달 외워봤자 해석이 안 된다는 걸 처절하게 경험했다. 수학을 못했던 내게 if + 주어 + have + p.p 어쩌구 하는 가정법은 수학 공식 저리 가라 할 정도로 헷갈렸다.

고등학교 2학년 때부터인가 영어 울렁증이 생겼다. 영어 소리도 듣기 싫었다. 영문과에 들어갈 수도 있었을 텐데 영어가 너무 싫어서 일문과에 들어갔다. 그리고 대학 때는 영어를 교양 과목으로도 듣지 않고 영어 학원도 다니지 않았다.

그 당시에는 영어를 못해도 취직이 가능했다. 첫 직장은 롯데관광이었다. 열여덟 명의 신입사원 동기 중에서 나만 수배부에 발령이 났다. 관광 상품을 만들고 호텔을 예약하는 업무를 담당하는 수배부는 관광 회사에서는 소위 '꽃'인 부서였다. 나는 처음 몇 달간은 일본어 전공에 맞게 일본을 담당했지만 곧 남태평양으로 담당 지역이 바뀌었다. 호주, 뉴질랜드, 피지, 괌, 사이판이 내가 담당한 지역이었는데, 영어를 못하는 나는 당장 어려움에 직면하게 되었다.

분명히 괌 PIC 호텔에 예약을 하고 현지 호텔로부터 확인 도장이 찍힌 팩스를 받았는데, 일본인 관광객 때문에 먼저 예약한 롯데관광 손님을 받을 수 없다는 일방적인 메일을 받은 것이다. 너무 화가 나서 매번 팩스나 이메일로만 얘기하던 PIC 담당 직원에게 당장 전화를 걸었다. 내가 할 수 있는 최대한의 영어를 사용해서 온갖 항의를 다했다. 그런데 전화기 너머에서 들려오는 한마디.

"What's your point?"

결론인즉슨 내 말이 무슨 말인지 알아들을 수 없다는 거였다.

'아━━━━━━━━!'

깊은 탄식이 흘러나왔다.

일본 후쿠오카에서 열린 지구대회에 참석했던 대학교 3학년 시절 이후로 〈굿모닝 팝스〉 영어 방송에 매진하며 조금씩 영어 울렁증을 극복해나가는 중이라고 생각했건만, 여전히 영어로 업무와 관련한 문제를 따질 정도의 실력은 되지 않았던 모양이다. 고등학생 때부터 평생 영어를 안 하고 살 수 있으면 좋겠다는 소망이 있었는데, 그것은 이루어질 수 없는 꿈이었던 것이다. 이 사건을 계기로 나는 롯데관광을 다닌 지 2년 반쯤 되었을 때 미국으로 어학연수를 결심하게 되었다.

나의 영어 울렁증과 그로 인한 과거사는 이렇듯 참담 일색이다. 그런 지경이었던 내가 이제는 영어 소리만 들어도 기분이 좋아지는 영어 선생님이 되었다. 그 사이에 무슨 마법 같은 일이 있었던 것일까?

시험과목이 아니라
소통의 도구다

　미국에서 2년간 어학연수를 하면서 가장 처음 느낀 것은 영어가 정말 세상 사람들과 소통하는 도구라는 깨달음이었다. 한국에서 영어를 배우면서 내가 느낀 영어는 그냥 하나의 시험과목 그 이상도 그 이하도 아니었다. 물론 머리로는 한국 사람들이 한국어로 대화하듯이 미국 사람들은 영어로 대화를 하겠지 하며 막연히 '알고는' 있었다. 그런데 머리로 아는 것과 실제 미국 사람들과 영어로 대화를 나누는 것은 전혀 새로운 충격적인 경험이었다.

　영어는 이미 세계 공용어였다. 영어를 쓰며, 나는 세계 여러 나라에서 온 다양한 친구들을 사귈 수 있었다. 이란에서 온 친구 '압산에'는 나보다 나이가 많았는데, 내가 잘 모르고 또 별 관심도 없었던 이란의 역사에 대해 많이 들려주었고 우리는 곧 마음이 잘 통하는 친구 사이가 되었다. 스피킹(Speaking) 수업 선생님이었던 '토니아'는 러시아에서 온 이민자로, 나를 좋게 보고 잘 지도해주었다. 사우디아라비아에서 온 부유한 학생들과도 영어로 얘기하면서 친구가 되었고, 대만에서 온 '레이철'과는 기숙사를 같이 쓰면서 친해졌다.

영어로 세계 각국의 사람들과 만나 얘기를 나누는 것은 무척 신기하고 재미있는 경험이었다. 영어라는 도구 하나로 전 세계 누구와도 친구가 될 수 있었다. 그 친구의 마음을 이해하고 내 생각을 전하면서 나의 세계가 확장되는 놀라운 경험을 했다. 미국에서 만났던 그 친구들과 선생님들을 떠올리면 지금도 마음 한곳이 여전히 따뜻해져 온다.

그러면 영어를 싫어하고 못하던 내가 어떻게 영어를 잘하게 되었을까?

미국은 도서관 시스템이 아주 잘 되어 있었다. 그 동네 다른 도서관에 있는 책도 신청하면 내 집 가까이에 있는 도서관으로 배달해주었다. 우리나라에 있는 '상호대차 도서배달 서비스'와 같은 제도라 할 수 있다 (상호대차 서비스란 도서관 자료를 공동으로 활용하는 제도다. 원하는 자료가 해당 도서관에 없거나 대출 중일 때 다른 도서관에 있는 책을 신청해서 빌려볼 수 있다).

나는 그곳에서 《아서(Arthur)》 챕터북을 시작으로 많은 영어책을 읽었다. 그렇게 영어 독서를 시작하자, 어렵고 지겹기만 하던 영어가 점점 재미있어졌다. 1년이 지나자 어느 정도 말하고 듣는 것에 익숙해졌고, ESL 프로그램도 최고반까지 다 수료할 수 있었다. 2년 차 마지막 학기에는 미국 학생들이 듣는 일반 과목을 수강할 수준에 이르게 되었고, 교내 ESL 학생들을 대상으로 한 라이팅(Writing) 대회에서도 1등을 했다.

국어를 잘했기에 영어도 언어로서 배우니 실력이 금세 늘고, 글쓰기도 어렵지 않았다. 그렇게 싫어했던 영어로 1등상을 받아서 세계 각국에서 온 학생들 앞에서 내가 쓴 글을 읽었을 때의 자랑스러움은 이루 말할 수 없을 정도였다. 그렇게 싫어했던 영어였는데, 점점 영어가 좋아지고 자신감도 생겼다.

내가 영어를 싫어하고 못했던 것은 언어 재능이 없었기 때문이 아니었다. 나중에야 깨달은 사실이지만 나는 언어 재능밖에는 없는 사람이었다. 그런 내가 왜 그렇게 영어를 못했을까?

내가 미국에 와서 첫 번째로 느낀 것이 '영어는 세상 사람들과 소통하는 언어구나!'라는 것이었다면 두 번째로 느낀 것은 다름 아닌 분노였다. 내 분노의 대상은 바로 한국의 영어 교육 방식이었다. 나처럼 언어 재능밖에 없는 사람조차도 영어를 싫어하고 못하게 만드는 아주 독특한 영어 교육 방식 말이다.

미국에서 만난 다른 나라 학생들 중에서 말을 제대로 못하는 사람들은 한국인과 일본인뿐이었다. 사우디아라비아, 이란, 대만 등 다른 나라 학생들은 단어나 문법은 잘 못할지언정 선생님과 영어로 의사소통하는 데는 별 무리가 없었다. 그들은 영어로 자연스럽게 대화를 나누고 질문도 잘했다. 꿀 먹은 벙어리처럼 가만히 앉아만 있는 사람들은 달랑 두 나라, 한국인과 일본인뿐이었다.

아이큐 분석 사이트 '아이큐 리서치(IQ Research)'에서는 매년 세계 국가별 IQ 순위를 발표한다. 2018년 1월에 발표한 이들 자료에 따르면, 우리나라는 공동 1위를 차지한 홍콩과 싱가포르에 이어 세계 2위를 2년 연속 차지했다. 이어 일본과 중국이 3위를 차지해 동북아시아권 국민들의 아이큐가 전 세계에서 가장 높은 것을 알 수 있다.

이렇게 높은 지능지수를 가진 우리나라 사람들이 제대로 된 영어 한마디를 못한다는 것은 굉장히 중요한 점을 시사해준다. 바로 우리의 영어 교육 방식이 일제 강점기 때 주입된 일본의 영어 교육 방식을 그대로 따른 결과라는 점이다.

영어 강사로 유명한 정철 선생은 한 강연에서 한국의 영어 교육 방식을 운전에 비유해 설명한 적이 있다. 그는 한국의 영어 교육 방식은 마치 누군가가 영어를 절대 못하게 하려는 사악한 의도에서 만든 것 같다며, 마치 운전을 가르칠 때 기어를 넣고 액셀러레이터를 밟으며 앞으로 나아가면 된다고 가르치지 않고 수천 개의 자동차 부품 이름과 각각의 성능과 기능을 외우게 하는 방식이라고 했다. 그 때문에 수년간 영어를 배우고도 미국의 너덧 살 어린아이들이 말하는 기초적인 문장조차 입밖에 내지 못하는 것이라고 정철 선생은 지적했다.

내가 고등학교를 졸업한 지 20년도 더 흘렀다. 10년이면 강산도 변한다는데, 우리나라 영어 교육은 얼마나 변했을까? 학교에서는 스피킹과 라이팅을 주로 평가하는 수행평가의 비중이 점점 높아지고 수능의 영어 지문도 점점 길어지는 등 예전과는 다르게 진짜 영어 실력을 가늠하려는 평가 방식이 늘어난 듯 보인다.

하지만 학교나 학원에서 가르치는 방식도 바뀌었을까? 여전히 단어 시험 보고, 문제집 풀고, 한 문장 한 문장 독해하는 수업 그대로다. 평가 방식은 달라지고 있는데 가르치는 방식은 그대로이니 아이들은 수행평가까지 준비하느라 고생을 한다. 영어가 점점 더 부담스럽고 싫어지는 것은 당연하다. 방법이 그대로인데 어떻게 다른 결과가 나올 수 있을까?

나는 고등학생이 되어서야 영어 울렁증이 생겼지만, 지금은 파닉스 열풍으로 인해 초등 저학년 학생들이 이미 영어 울렁증을 겪고 있는 것을 본다. 세월은 지났지만 단기간에 결과를 내려고 하는 조급함으로 주입식 영어 교육을 하는 것은 예나 지금이나 변함이 없어 보인다.

어느 날 '네이버 지식인'에 어느 중학생 아이가 올린 글이 내 눈길을 잡아끌었다.

영어 학원 선생님이 시험을 보고 나면 그 결과를 놓고 때리는데 신고할 수 있냐는 질문이었다. 글을 올린 날짜는 2017년 5월이었다. 이해를 위해 문장을 다듬어 아래 전문을 소개한다.

Q. 학원 선생님은 신고 못 하나요?
안녕하세요? 중2입니다. 학원에 영어 선생님이 있는데 너무 짜증이 납니다. 일단 매 때리기는 기본이고, 제가 공부를 못하는데 우리 부모님 직업이 선생님인데 이걸 친구들과 다른 선생님들한테 말해서 저를 무시합니다. 또 어제는 제가 문제를 못 맞혔다고 옆 친구한테 저를 때리라고 했습니다. 그래서 친구가 살살 때렸는데 더 세게 때리라며 그 친구를 오히려 때리고. 시험 기간에는 제가 공부를 못한다고 엄청 갈굽니다. 이 선생님은 신고 못 하나요?

아직도 영어를 이런 식으로 교육하고 있다는 것에 마음이 너무 아팠다. 이 중학생 아이에게 영어는 과연 어떤 느낌일지 물어보지 않아도 알 듯하다.

영어 독서를 초등학생 때 제대로 한다면 중학생 때 보는 학교 시험이나 수행평가 정도는 가뿐하게 해낼 수 있다. 우리나라 아이들이 어렸을 때부터 영어를 더 쉽고 즐겁게 배워서 중학생이 되었을 때 이런 고통을 겪지 않게 되기를 바란다.

독서만으로 정말
영어가 될까?

"엄마 이게 정말 공부가 돼?"

아들이 일곱 살 여름에 처음 영어책을 듣다가 갑자기 물었다. 유치원생이 보기에도 이게 무슨 공부가 될까 싶었나 보다. 그 미심쩍어하던 표정이 아직도 기억이 나서 피식 웃음이 나온다. 어린이집에서도 한글을 배울 때 글씨를 읽고 쓰고 했을 것이다. 그런데 그냥 하루 5분이나 10분 정도 영어책을 몇 번 듣는 것이 전부이니 일곱 살짜리 아이의 눈에도 의심스러웠나 보다.

아들이 일곱 살, 딸이 여섯 살 때 처음 엄마표 영어를 시작했다. 아들은 네 살 때 한글을 스스로 뗐기 때문에 한 줄짜리 영어책 듣기를 시작했고, 딸은 아직 한글을 잘 몰라서 영어 DVD만 오빠와 함께 보여줬다.

우리 아이들에게 엄마표 영어를 하면서 영어 독서 공부방도 오픈했다. 내 수업을 들으러 공부방에 오는 아이들이 많지는 않았지만 다 영어 레벨이 다르다 보니 책이 계속 필요했다. 어쩔 수 없이 남편 월급이 영어책 시리즈를 사는 데 거의 다 들어갔다.

처음에는 그러려니 하던 남편도 정도가 심하다고 느꼈는지 반대가 심해졌다. 우리 아이들은 별로 영어 실력이 느는 것 같지도 않고 내가 수업하는 아이들도 그렇게 많지 않은데, 자꾸 택배로 영어책이 배달되니 나중에는 택배 박스만 봐도 책을 또 샀냐며 화를 냈다. 그래서 낮에 택배가 오면 얼른 책을 꺼내어 책꽂이에 꽂아놓고 택배 박스는 갖다 버렸다. 영어책은 얇아서 몇십 만 원어치를 사도 책꽂이에 꽂아놓으면 샀는지 안 샀는지 티도 안 났기에 가능했다.

토종 영어로 최상위반에

내가 수업하는 아이들의 실력은 아직 고만고만했지만 우리 아이들의 영어 실력은 이제 남편이 느낄 정도가 되었다. 6개월이 지나자 딸아이는 한 단어씩 영어로 말하기 시작했고, 1년이 지나자 한 문장으로, 몇 년이 지나자 가정법, 관계대명사가 들어간 긴 문장으로도 척척 말했다. 딸이 놀 때 자꾸 영어로 얘기하니 아들도 대꾸하느라 영어로 말하기 시작했다. 집에서나 놀이터에서나 친척집에 놀러가서도 둘은 자주 영어로 얘기했다.

한번은 겨울에 눈썰매를 타러 갔다가 두 아이가 고무 튜브를 끌며 줄을 서서 영어로 이야기하자 남편이 "왜 자꾸 영어로 얘기하는 거지?" 하면서도 뿌듯해했던 기억이 난다.

이제 아들은 중1, 딸은 6학년이 되었다. 두 아이는 학교 최상위반 영어반에 들어가 있다. 아이의 친구들은 어떻게 해서 영어를 그리 잘하는지 물어온다고 한다.

아이들은 집에서 그리 멀지 않은 학교에 다니지만, 몇 해 전까지만 해도 서울에서 학교를 다녔다. 서울 학교에 다닐 때도 우리 아이들이 영어를 잘하다 보니 원어민 선생님이 당연히 다른 높은 레벨반 아이들처럼 외국에서 몇 년간 살다 온 줄 알았다고 한다. 어디에서 살다 왔냐는 질문에 우리 아이들이 외국에 나가본 적이 한 번도 없다고 하자 원어민 선생님은 매우 놀랐다고 한다.

언어가 통한다면 전 세계인이 친구

나는 아이들을 붙들고 앉아서 파닉스를 가르친 것도, 영어로 능숙하게 집에서 대화를 한 것도 아니다. 아이들은 영어 학원에 다닌 적이 없었고 외국 경험이라면 필리핀에 일주일 여행을 다녀온 게 전부였다. 그것도 영어를 잘하게 되면 외국 여행을 시켜주겠다는 약속을 지키기 위해 2017년에야 간 여행이었다.

필리핀에 여행 갔을 때는 계속 비가 내려 별로 할 것이 없었다. 저녁에 심심해서 호텔 안을 돌아다녔는데 포켓볼 당구대가 눈에 띄었다. 아들아이는 태어나서 처음 본 포켓볼이 신기했는지 당구대를 만지작거리고 있었다. 그때 한 프랑스인 가족이 왔다. 포켓볼을 치러 온 모양인데 우리 아이가 만지고 있으니 난감해하는 표정이었다. 그러자 갑자기 아들아이가 "Can you teach me how to play this?"라며 프랑스인 아저씨에게 물었다.

그때부터 그분은 우리 아들에게 포켓볼 치는 법을 알려주었고 자기 아들 맥심과 함께 포켓볼을 칠 수 있도록 도와주었다.

그 뒤로 아들은 종종 프랑스인 가족을 만나 당구 게임을 했다. 포켓볼이 꽤 시간이 걸리는 경기이다 보니 아들만 두고 나머지 가족들은 먼저 호텔방으로 돌아온 적도 있었는데, 한번은 아들이 시무룩한 표정이 되어 돌아왔다. 맥심과 한 편이 되어 프랑스인 아저씨와 시합을 했는데 졌다는 것이다.

아들은 호주에서 온 동갑내기 남자아이와 탁구를 치기도 하는 등 그 호텔에 3박 4일 머무는 동안 재미있게 놀았다. 아들이 영어를 못했다면 비가 와서 할 것도 별로 없는 여행이 마냥 지루했을지도 모른다. 한번은 호텔 키를 방에 두고 온 적이 있었는데, 당시 4학년이던 딸이 프런트에 가서 영어로 얘기를 전해 문제를 해결하기도 했다.

언어의 한계가 세계의 한계라고 한다. 이 말은 곧 언어가 통한다면 전 세계 누구와도 친구가 될 수 있음을 의미한다. 우리는 이 말을 그 필리핀 여행에서 실감한 셈이다.

우리 아이들뿐만 아니라 내가 영어 독서로 지도한 많은 아이들도 해외여행을 다녀오면 비슷한 경험담을 들려준다. 호텔에서 구명조끼며 필요한 것을 자기가 직접 영어로 얘기해서 빌려오고, 미국인 점원에게 고맙다는 의사를 먼저 전달했다면서 호기롭게 경험담을 들려주던 아이도 있었다.

2018 평창 동계올림픽을 보기 위해 KTX를 탔다가, 옆자리에 앉았던 미국인 아이와 친해져서 목적지까지 두런두런 이야기를 나누며 갔다는 아이도 있었다. 그 아이는 지금도 그때 만난 미국 친구와 엽서와 편지를 주고받는다며 자랑했다.

영어 독서는 불로소득

"영어책만 읽혀서 정말 영어가 될까요?"

아직도 불안한 눈빛으로 많은 엄마들이 이렇게 물어오곤 한다. 나는 8년 가까이 수많은 아이들을 영어책으로 지도하면서 이 방법이 정말 최고의 방법이라고 확신할 수밖에 없는 경험을 했다. ABC도 모르거나 한 줄짜리 영어책을 간신히 읽었던 아이들이 몇 년 동안 영어책을 읽으면서 영작도 쉽게 하고, 두꺼운 영어책도 거뜬히 읽어낸 뒤에 재미있었다며 줄거리를 말해준다.

영어 독서로 영어를 자연스럽게 습득하면 우리와 다른 서구 문화도 알 수 있다. 주인공에게 일어나는 사건을 통해 남의 감정을 이해하고 공감하는 능력도 자란다. 과거나 미래를 넘나들며, 현실에서는 불가능한 일들이 가능한 상상의 세계에 빠져들기도 한다. 이런 줄거리 속에서 영어를 익힌 아이들은 단어를 외우고 문제집을 푼 아이들보다 영어를 친근하게 느끼기 마련이다.

영어는 언어이고, 사람들 사이에서 살아 움직이는 매체다. 책을 통해 영어를 배운 아이들은 영어가 어떻게 사용되고 있는지 수많은 글에서 목격했기에 자신 있게 영어를 사용할 수 있게 된다.

일곱 살 때, "엄마, 이게 공부가 돼?"라고 의심스러운 눈빛을 보냈던 아들은 이제 더 이상 영어 독서의 힘을 의심하지 않는다. 그리고 월급이 다 책 사는 카드 값으로 나간다며 불평하던 남편도 이제 아이들에게 "너희는 엄마 덕분에 영어 잘하게 된 거야"라고 말한다.

8년 전 처음 우리 아이들에게 영어 독서를 시켰을 때는 밑 빠진 독에 물 붓기 하는 심정이었다면, 지금은 마치 불로소득을 얻은 것 같다. 우리 아이들은 그저 재밌게 영어책과 영어 DVD를 본 게 전부이기 때문이다. 힘들게 영어 단어를 외운 적도 별로 없고, 영어 코스북이나 미국 교과서 문제를 푸느라 씨름한 적도 별로 없다. 영어책을 읽을 때마다 북퀴즈를 풀거나 북리포트를 쓴 적도 없다.

나보다 더 영어 잘하는 아이로 키우고 싶다면?

나 같은 영어 선생님들의 가장 큰 고민은 '내 아이를 어떻게 하면 영어 잘하는 아이로 만들 것인가'다. 영어를 잘해야 한다는 것을 누구보다도 절절히 느끼는 영어 선생님들이지만, 자기가 공부했던 것처럼 혹독하게 영어 공부를 시키고 싶지는 않기 때문이다. 그리고 기존 영어 학원의 문제점도 너무 잘 알고 있다.

나도 그랬다. 영어를 힘겹게 배우다가 영어 울렁증까지 걸린 적 있기에 내 아이만큼은 나의 전철을 밟게 하고 싶지 않았다. 우리 아이들은 나 같은 힘든 과정을 겪게 하고 싶지 않았다.

이런 바람은 영어 때문에 고생한 대한민국 모든 엄마, 아빠의 소망이기도 하다. 그러나 부모 세대가 배웠던 방법으로는 원어민처럼 자유롭게 영어를 구사하지 못한다.

아이에게 진짜 쓸모 있는 영어를 배우게 하고 싶은가? 그렇다면 영어책을 지금 당장 읽히자. 다시 한 번 강조하지만, 재미있게 영어책을 읽으면서 생각머리도 키우고 영어를 좋아하는 아이로 키우는 데 영어 독서만큼 좋은 방법은 없다.

읽기야말로
'유일한' 방법이다

외국어 습득 이론을 정립한 최고의 언어학자 스티븐 크라센(Stephen D. Krashen)은 《크라센의 읽기 혁명(The Power of Reading)》(조경숙 옮김, 르네상스, 2013)에서 이렇게 말한다.

읽기는 언어를 배우는 최상의 방법이 아니다. 그것은 유일한 방법이다.

크라센 교수의 이 말은 많은 사람들에게 도전 의식을 심어주었다. 영어 독서가 최고의 좋은 방법이 아니라 유일한 방법이라고 했으니 다소 과격해 보이기 때문이다. 크라센 교수는 또한 영어가 너무 방대하기 때문에 교재로 규칙을 배우는 식으로는 살아 있는 언어를 제대로 배울 수가 없다고 보았다. 《크라센의 읽기 혁명》에서 그는 세계 여러 나라에서 이루어진 광범위한 실험을 치밀하게 연구한 결과를 발표한다.

대부분의 실험은 학생들을 그룹 A와 B로 나누어 한 그룹은 1~2년 동안 기존의 강의식 교수법으로 수업하고 나머지 그룹은 영어 독서를 실시한 후에 어느 그룹이 더 향상되었는지 관찰하는 것이었다. 실험 결과 독서를 한 그룹이 리딩뿐만 아니라 어휘, 문법, 작문, 철자까지 모든 면에서 영어 실력이 향상된 것으로 나타났다.

아무리 읽어도 지나치지 않다

크라센 교수의 실험에서 주목할 점은 그가 말하는 영어 독서가 '다독(Extensive Reading)'이라는 것이다. 다독의 중요성은 '잠수네의 엄마표 영어'로 우리나라에도 서서히 알려지기 시작했다.

2018년 가을 연세대학교에서는 조기영어교육전공 워크숍이 열렸다. 워크숍의 주제는 '가을, 영어와 스토리텔링에 빠지다. 아이가 행복한 영어교육'이었다. 한국영어다독학회 회장인 김정렬 교수는 이 강연에서 '영어 다독'으로 4행시를 지어서 보여주었다.

영. 영어 다독은 재미있는 책들을 빠르게 읽어 내려가면서

어. 어려운 단어가 나와도 사전 없이 문맥을 통해 이해하고

다. 다양한 소재를 다뤄가면서 통찰력을 키워

독. 독해 능력을 향상한다는 것을 의미합니다.

정말 다독이 무엇인지 잘 보여주는 글이다. 다독은 한 문장 한 문장 독해하듯이 읽는 게 아니라 우리가 한글책 읽듯이 그냥 줄줄 읽어나가면서 재미를 느끼는 것이다. 아이가 행복한 영어 교육이 바로 이 다독이다. 실제로 연세대학교 영어영문학과 고광윤 교수는 세 아들을 영어 독서로 키운 경험담과 영어과 교수로서의 학술적 연구를 통해 영어 독서를 통한 영어 습득이 왜 효과적인지를 강연하고 있다. 나도 3일 일정으로 이 강연을 들은 적이 있는데, 다독의 중요성은 아무리 강조해도 지나치지 않는다는 사실을 새삼 느낄 수 있는 시간이었다.

좋아하지 않는 책은 그만 읽는다

스티븐 크라센 교수는 이 다독을 좀 더 구체적으로 설명하기 위해 '자율 독서(Free Voluntary Reading)'라는 용어를 썼다. 《크라센의 읽기 혁명》에서 그는 '자율 독서'를 이렇게 정의한다.

> 자율 독서란 원해서 자발적으로 읽는 것을 의미한다. 학교에 다니는 아이에게 자율 독서란, 독후감을 쓸 필요가 없고, 한 장(chapter)이 끝난 다음에 퀴즈에 답하지 않아도 되며, 단어의 뜻을 모두 사전에서 찾을 필요가 없는 것을 의미한다. 자율 독서는 좋아하지 않는 책은 그만 읽고 원하는 책을 읽는 것을 의미한다. 읽기와 쓰기 수준이 높은 사람들은 늘 이런 식으로 읽는다.
>
> — 스티븐 크라센, 《크라센의 읽기 혁명》, 15~16쪽

읽기와 쓰기 수준이 높은 사람들은 책을 많이 읽은 사람들이다. 왜 이 사람들이 책을 많이 읽었을까? 그것은 재미있기 때문이다. 책을 통해 새로운 세상을 알아가는 재미, 몰랐던 것을 배우는 재미, 다른 사람의 삶을 살아보는 재미, 과거나 미래, 심지어 상상의 세계까지도 경험해볼 수 있는 재미 등 책을 통해서 얻을 수 있는 재미는 정말 다양하다. 때로는 웃으며, 때로는 가슴 졸이며, 때로는 설레며, 때로는 눈물을 흘리며 책장을 넘기다 보면 주변의 시끄러운 소리는 물론 나라는 존재 자체도 증발해버릴 정도의 몰입을 경험하기도 한다.

내가 책을 읽어온 방식도 이와 다르지 않다. 나는 읽고 싶으면 읽었고, 재미가 없으면 책장을 덮었다. 이런 방식의 자율 독서는 나로 하여금 책에 더욱 빠져들게 만들었고, 그 결과 나는 읽기와 쓰기 수준이 높은 지금의 내가 될 수 있었다고 확신한다.

독서의 효과

내가 처음 책을 읽기 시작한 것은 중학교에 들어가서였다. 초등학생 때는 집에 책도 없었고, 부모님은 맞벌이로 바빠서 놀이터나 길거리에서 놀았던 기억밖에 없다. 내가 다닌 금란중학교에는 도서관이 있었는데, 지금은 볼 수 없는 폐쇄식이었다. 책의 청구기호를 찾아서 사서에게 건네면 사서가 책을 가져다주었다. 사서가 내 청구기호를 들고 책을 가져오기 위해 사라지면 나는 머리 정도만 들어갈 법한 작은 창구를 통해 책들이 즐비하게 꽂혀 있는 서가들을 바라보곤 했다. 재밌는 읽을거리가 가득한 그곳은 어린 내게 보물 창고처럼 보였다.

3년 동안 나는 학교 도서관을 통해 책을 엄청나게 읽었다. 아무도 시키지 않았는데 독후감까지 썼다. 감명 깊게 읽은 책들에 대해 뭔가 남겨놓고 싶었기 때문이다. 책을 읽고 독후감을 쓰던 습관은 입시로 바빴던 고등학생 3년을 빼고는 대학생 때를 거쳐 사회생활을 하는 지금까지도 계속 이어지고 있다. 그렇게 쓴 독후감 노트가 꽤 많이 쌓였다. 이제는 블로그에 독후감을 쓰지만, 독후감 기록들은 내 정신세계의 귀중한 자산이라 할 수 있다.

중학교 3년 동안 책을 많이 읽은 효과는 고등학생 때 바로 나타났다. 내가 이화여고를 다닐 당시에는 한 학년이 1,000명이었고 반도 스무 개나 되었다. 이화여고에서 내신 1등급이 되려면 전교 45등 안에 들어야 했는데, 나는 고3 때 1등급으로 졸업을 했다. 그중에서도 국어 점수는 전교 10등 안쪽이었다. 특별히 공부를 하지도 않았는데 국어 시험이 아주 쉽게 느껴졌다. 문단을 막 섞어놓고 순서대로 배열하는 문제나 주제 찾기 등의 문제들은 답이 훤히 보였다. 그래서 같은 반 친구들이 국어 시험에서 자기가 틀린 문제들을 나에게 물어보곤 했다.

그런데 이상한 점은 내가 아무리 설명해줘도 친구들이 이해하지 못한다는 것이었다. 나에게 국어는 공부하지 않아도 거의 100점이 나오는 과목이었는데, 친구들에게는 아무리 공부해도 점수가 오르지 않는 괴로운 과목이었던 것이다. 내가 《잠수네 아이들의 소문난 영어공부법》 책을 읽고 영어도 독서로 하면 저절로 실력이 늘 수 있겠다고 생각한 것은 바로 나의 이런 경험 덕분이었다.

이 책에서 말하는 요지는 "하루 세 시간 동안 3년간 영어책을 읽으면 어느 정도 영어에 자유로운 경지에 다다르게 된다"는 것이었다. 내가 중학교 3년 동안 읽은 한글책이 내게는 국어 시험에서 자유로운 경지에 이르게 한 것과 마찬가지라고 할 수 있었다.

책도 읽고 돈도 벌던 알라딘 편집부 시절

한글책을 많이 읽은 덕분에 책을 읽고 글을 쓰는 일은 내게 쉬운 일이 되었다. 미국 어학연수를 다녀온 후에는 매일경제 신문사 산하의 유학원에서 일했는데, 인터넷 서점 알라딘에서 편집부 직원을 구한다는 소식을 들었다. 편집부 직원의 업무는 책을 읽고 리뷰를 쓰는 것이었다. 인터넷으로는 고객이 책을 직접 볼 수 없기 때문에 신간이 나오면 그 책이 어떤 내용을 담고 있는지 정보를 올릴 사람이 필요했던 것이다. 두 편의 책 리뷰와 이력서를 내고 알라딘에 입사하게 되었다.

아마존닷컴이 허름한 창고에서 시작했듯이 그 당시의 인터넷서점 알라딘은 건축한 지 50년은 족히 되어보이는 낡은 건물에 자리하고 있었다. 그래도 책을 읽고 리뷰를 쓰면 월급을 준다니 내게는 이 직장이 마치 천국처럼 느껴졌다. 내가 맡았던 분야는 자기계발, 경제경영, 외국어, 종교였는데, 신간들을 빨리 읽고 리뷰를 잘 써야 했다.

중학생 때부터 이런 일을 해왔기에, 책을 읽고 그 책의 요점을 정리해서 글을 쓰는 것이 내게는 굉장히 즐거운 일이었다. 편집부 직원들이 해당 책에 대한 소개 글을 어떻게 쓰느냐에 따라 판매부수가 달라질 정도였기에 보람도 있었다. 3년 반 동안 일을 하고 개인적인 사정으로 회사를 그만두었는데, 어떻게 내가 퇴사한 줄 알았는지 인터넷 서점 Yes24에서 일해달라고 연락이 오기도 했다.

그저 재미있어서 책을 계속 읽었던 것뿐인데, 고등학교 때나 대학 입시에서 국어 시험을 잘 치르고, 책을 읽고 리뷰를 써서 돈버는 일까지 할 수 있었던 것이 나는 지금도 마냥 신기하다. 영어 독서, 다독 그리고 자율 독서가 내 인생을 설계한 셈이다.

재미가 없으면 효과도 없다

책에서 나온 단어를 모두 찾아 외우게 하고 읽는 책마다 북퀴즈를 풀게 하고 북리포트를 쓰게 하는 것을 영어 독서 프로그램이라고 만든 사람들은 단 한 번도 책과 사랑에 빠져본 적이 없는 사람들이라고 나는 단언한다.

자기 수준에 맞지 않는 어려운 책을 한줄 한줄 해석해가며 영어 원서 한 권을 한 달씩이나 걸려 읽히는 것을 진정한 영어 독서라고 할 수 있을까? 재미있는 책이라면 최소한 일주일 안에는 다 읽어버릴 것이다. 어려운 책을 집어 들고 단어를 일일이 찾아가며 한 줄씩 해석해서 읽는다면, 이것은 더 이상 독서가 아니라 고행에 불과하다. 이것을 독서라고 착각하는 사람들은, 책의 재미에 빠져 밤잠을 설쳐본 적이 없는 사람들일 것이다.

영어책 한 권을 읽을 때마다 북퀴즈를 풀어야 하고 거기에 나온 단어를 다 외워서 시험 봐야 한다면 나는 차라리 책을 읽지 않을 것이다. 그 재미있는 영어책을 문제집처럼 사용하는 한, 영어책과 깊은 사랑에 빠지는 아이들은 나오지 않을 것이기 때문이다. 책에서 나온 단어를 찾아 정리해서 외우든지 독후감을 쓰든지 그것이 스스로 하고 싶어서 자발적으로 하는 것이면 얼마든지 괜찮다. 하지만 하기 싫은 것을 공부가 된다고 억지로 시키는 것은 영어책을 싫어하게 하고 결국은 영어를 싫어하는 아이로 만드는 지름길이다.

영어책의 재미에 빠져서 몰입하게 되면 자신도 모르게 원어민처럼 영어가 습득된다는 크라센 박사의 이론에 나는 전적으로 동의한다. 8년 가까이 영어 독서로 아이들을 지도하면서 자연스럽게 영어를 터득해가는 아이들을 수없이 봐왔기 때문이다. 이렇게 별다른 고통 없이 행복하게 영어를 배울 수 있는 길이 있는데, 잘못된 영어 교육 방법으로 아이들을 힘들게 할 필요가 있을까? 당장 단어를 외우게 하고, 문장을 쓰게 하지 않기 때문에 처음에는 느려 보이기도 하지만 나는 영어 독서가 결국은 가장 확실하고 빠르게 영어를 자유자재로 구사할 수 있게 만드는 교육 방법이라고 생각한다.

좋아하면 몰입하고,
몰입하면 모국어처럼 습득된다

나는 영문과를 나오지 않았다. 하지만 영문학을 전공한 웬만한 영어 선생님들보다 훨씬 영어 실력이 좋다고 자신한다. 특히 영어로 된 책을 읽고 이해하는 리딩 레벨은 영어 교사보다 훨씬 더 높다.

내가 이런 실력을 갖출 수 있었던 것은 영어 공부를 하기 위해서 또 영어가 재미있어서 읽었던 영어책 시리즈 수천 권이 내 머릿속을 거쳐 간 결과다. 또 내가 키즈엔리딩 신입 원장 교육에 필요한 영어책 시리즈 자료를 자진해서 만들고 영어책 시리즈 강연을 여러 번 할 수 있었던 것도 모두 내가 직접 영어책을 재미있게 읽은 경험에 힘입은 바 크다.

영어책의 매력에 빠지다

《옥스포드 리딩 트리(Oxford Reading Tree)》는 홈쇼핑에서도 풀세트로 자주 판매하는 유명한 영어책 시리즈다. 최근에 나온 논픽션 시리즈인 《익스플로러(Explore)》까지 하면 400여 권이 넘는데, 그만큼 아이들이 이 시리즈에 열광하기 때문에 계속 새로운 이야기가 나온다.

이렇게 많은 한 시리즈의 책을 읽다 보면 주인공 가족이 마치 내 친한 이웃이라도 되는 것처럼 친근하게 느껴진다. 10단계부터는 3년의 세월이 흘러 이 책의 주인공들이 여덟 살, 열 살로 등장한다. 과거로 돌아가 역사를 바꿔서 현재에 혼란을 가져오려는 악한 에너지인 바이런들과 싸우는 주인공들의 이야기가 얼마나 흥미진진한지 모른다.

나는 원어민이 녹음한 CD를 들으면서 책을 봤는데, 10단계 1권 책 《이상한 상자(The Strange Box)》의 말미에 "Now what?"이라고 하면서 흘러나오는 음악이 긴장감을 고조시켰다. 두근거리는 가슴을 부여잡고 2권을 바로 집어 들 수밖에 없었다.

내가 아이들을 대상으로 한 이런 책들을 수천 권이나 읽은 것은 단순히 영어 독서를 지도하기 위한 것은 아니었다. 어른인 나 자신이 재미있어서 읽고 또 읽은 이유가 더 크다. 어린이판 엑스파일(X-Files)이라 불리는 《잭 파일(Zack Files)》 시리즈는 열 살 남자아이 잭에게 일어나는 기상천외한 이야기를 담고 있다. 유체이탈을 해서 돌아다니다가 다시 자기 몸으로 돌아가는 방법을 몰라 해프닝을 겪기도 하고, 다른 사람이 마음속으로 하는 말을 듣기도 하며, 투명인간이 되고, 평행우주에 사는 자신을 만나기도 한다. 어른이 읽어도 재미있는 이런 시리즈에 한번 매료되면 전 시리즈를 읽지 않고는 못 배긴다.

좋아하는 것이 실력이 된다

영어 독서를 하는 아이들도 나처럼 이렇게 주인공의 매력에 빠져서 같은 책을 여러 번 읽을 뿐만 아니라 그 작가의 다른 책 시리즈까지 찾아 읽기도 한다. 어떤 아이는 자기가 좋아하는 영어책 시리즈가 여덟 권으로 끝난다는 것에 안타까워한다. 아무리 장난이 심하고 까부는 데도가 튼 남자아이일지라도 책의 다음 이야기가 궁금하면 조용히 책에 빠져든다. 밥 먹으라고 불러도 책을 마저 읽는다며 빨리 식탁으로 오지 않는 아이도 있다.

학부모들과 정기적으로 상담을 할 때면 내가 꼭 확인하는 사항이 있다. 집에서 읽으라고 대여해준 책을 아이들이 어떻게 읽는지를 확인하는 것이다. 아이가 숙제하듯이 빨리 해치우려고 하는지, 재미있어하면서 보는지가 매우 중요하다. 혼자 미소 짓거나 키득키득 웃음소리를 내며 책을 보고, 엄마가 묻지 않아도 자기가 재미있게 읽은 책에 대해 이야기한다면 매우 좋은 징조다. 아이들이 책의 재미에 빠져서 읽는다는 증거이기 때문이다. 이렇게 책의 재미에 빠져서 몰입하게 되면 모국어처럼 영어가 습득된다.

우리 학원에서는 1년에 한 번 '픽처 데이(Picture Day)' 이벤트를 한다. 아이들은 자기가 좋아하는 책의 캐릭터를 그리고, 좋아하는 이유에 대해서 영어로 쓴다. 아이들이 그린 그림과 그 이유를 읽어보면 그 영어책에 대한 사랑이 느껴진다. 그 책에 나오는 영어 단어, 영어 표현과 문장들은 그저 문제집에 있는 아무 의미 없는 것들이 아니다. 아이들이 사랑하는 주인공들이 던진 우스운 농담이기도 하고, 감동을 주는 한마디이기도 하다. 아이들이 그 책을 읽을 때 느꼈던 여러 감정과 뒤섞여 오래오래 아이들의 마음에 남는다.

이렇게 영어를 습득한 아이들 가운데는 나중에 교환학생으로 미국에 건너가 미국 아이들을 제치고 1등을 하는 경우도 있다. 엄마표 영어를 한 아이들이나 키즈엔리딩에서 영어책을 읽는 아이들은 이렇게 자기가 좋아하는 책을 읽으면서 자연스럽게 영어를 습득한다.

초등 영어의 목표를
다시 잡아라

또래에 비해 영어를 잘하지만 얼굴 표정이 어두운 아이들이 있다. 그러면 나는 이렇게 물어본다.

"와! 어떻게 이렇게 영어를 잘하게 됐어?"

내 밝은 표정을 보면서도 아이는 여전히 슬픈 얼굴로 대답한다.

"전 이제 잘하는 것도 아니에요. 일곱 살 때는 제가 저희 학원에서 제일 영어를 잘했는데요, 이제는 더 잘하는 애가 들어와서 그 애만 칭찬받아요."

또 이렇게 대답하는 아이도 있다.

"엄마가 전 영어 잘하는 게 아니래요. 엄마 친구 딸은 벌써 《해리포터》도 읽는대요."

영어를 잘해도 자신감이 없는 아이들

아이들에게 이런 말을 들을 때마다 내 마음은 안타까움으로 무너진다. 아무리 영어를 잘해도 더 잘하는 아이들은 항상 있기 마련이다. 영어를 잘하느냐 못하느냐의 비교 대상이 그 아이의 과거 실력이 아니라 옆집 아이가 된다면 아이는 항상 주눅이 들 수밖에 없다. 이는 칭찬하고 격려해주면 더 잘할 수 있는 아이들에게 영어를 싫어하게 만드는 지름길이다. 그 나이에 그 정도 실력을 갖추었다면 상당한 노력이 없이는 불가능했을 아이들이 왜 더 잘하지 못했냐는 부당한 채찍질을 당하는 것이다.

이런 아이들은 대부분 엄마 말을 잘 듣는 순종적인 아이들이다. 다른 학원에서 리딩 점수가 잘 안 나왔거나 주변에서 영어 독서가 중요하다는 말을 들은 엄마들이 우리 학원의 체험 수업을 듣게 하려고 데리고 나온 경우들이다.

이런 어머니들과 상담을 해보면 공통점이 하나 있다. 다들 아이에 대한 불만이 쌓여 있다는 점이다. 어머니들은 대개 영어 유치원부터 시작해서 영어에 엄청 공을 들였는데도 아직 아이의 실력이 기대한 만큼 좋지 않은 것에 불만을 표시한다. 그리고 이런 어머니들일수록, 영어책을 읽고 난 후에 별다른 독후 활동을 시키지 않고 그냥 재미있게 읽도록 내버려두는 우리 학원의 방식을 오래 참지 못하기 때문에 한두 달 정도 보내고는 금세 학원을 그만둔다.

초등학교 때까지는 어느 정도 아이를 부모 마음대로 할 수 있다. 이 학원 저 학원 데리고 다니고, 억지로 어려운 단어를 외우게 하고, 미국 교과서로 공부시키고, 영어 문제집을 풀리는 등 엄마가 시키는 대로 아이가 따라올 수 있을 것이다. 그리고 그 결과로 또래들보다 훨씬 영어를 잘하게 만들 수 있을 것이고, 대형 어학원에서 계속 레벨을 올려 최상위반에 들어가게 할 수도 있을 것이다.

초반 레이스에 힘 빼지 말자

나는 영어 울렁증에 걸려본 적이 있기 때문에, 영어가 싫어지면 얼마나 꼴도 보기 싫고 소리도 듣기 싫을 정도로 끔찍하게 하기 싫은지 그 느낌을 안다. 외워도 외워도 계속 나오는 모르는 단어, 읽어도 읽어도 해석이 안 되는 영어 문장, 수학 공식처럼 복잡하게 느껴지는 영문법들이 자기 자신을 끊임없이 절망하게 만드는데 어떻게 영어를 계속 공부할 수 있을까? 나 역시 대학생이 되자마자 영어를 내 삶에서 던져버렸다. 다시는 영어를 안 하리라 굳게 결심했다.

아이들도 마찬가지다. 준비물 하나, 숙제 하나 챙겨줄 필요 없이 척척 잘하던 아이가, 엄마 말이라면 절대 순종하던 아이가 중학교에 들어가서 돌변하는 경우를 여러 번 봤다. 같이 일하던 영어 선생님들의 모범생 아들, 딸이 아예 학교를 안 가겠다고 하거나 모든 공부에서 손을 놓는 일도 곁에서 자주 목격했다. 매일 속으로 울면서 일한다고 하소연하시던 그 선생님들의 모습이 아직도 뚜렷이 떠오른다.

엄마의 말이 더 이상 아이에게 영향력이 없어질 때가 금세 온다. 중학생, 고등학생 때 정말 영어에 달려야 할 때 달리지 못하게 된다. 영어 독서로 영어를 좋아하고 자신감을 가진 아이들이 이제 그들을 앞서는 건 시간문제다. 열심히 하는 사람은 좋아서 하는 사람을 이길 수 없고, 좋아서 하는 사람은 즐기는 사람을 이길 수 없기 때문이다.

영어는 평생 필요에 따라 더 높은 실력을 쌓아가야 한다. 초반에 조급하게 전속력으로 달렸다가는 제풀에 지쳐버린다. 그래서 초등 영어의 목표를 단순히 영어를 잘하는 것에만 두는 것은 어리석다. 초등 영어의 목표는 영어를 좋아하면서 잘하는 것이 되어야 한다. 영어 쉽네, 나는 영어 잘하는 사람이야, 라는 자신감을 가지게 하는 것이 가장 중요하다.

못한다고 계속 지적하면 잘하게 될까?

끊임없이 못하는 부분을 지적당하는 일은 얼마나 괴로운가? 아무리 완벽해 보이는 사람이라도 부족한 점은 있게 마련이다. 그 부분을 계속 지적하며 고치라고 요구하는 사람이 있다면 그 사람을 만나기도 싫을 것이다. 누구도 완벽하지 않다. 못하는 것을 지적하려면 끝이 없다.

아이들에게 계속 잘 못하는 점을 지적한다면 영어를 내려놓을 것이다. 어떤 아이는 발음이 좋고, 어떤 아이는 스펠링을 잘 외우고, 어떤 아이는 영작을 잘한다. 어떤 아이는 글씨를 잘 쓰고, 어떤 아이는 스토리의 흐름을 잘 파악하고, 어떤 아이는 모르는 단어의 의미를 잘 유추해낸다. 어떤 아이는 그림을 유심히 관찰해서 질문을 하고, 어떤 아이는 영어로 하는 말을 잘 알아듣고, 영어로 말이 줄줄 나온다. 영어 안에서도 이렇게 각자 다른 장점을 드러낸다.

다른 것을 다 잘하고 글씨만 못 쓰는 아이에게 글씨를 계속 잘 쓰라고 지적한다거나, 영어 스피킹이 잘되는 아이에게 왜 이렇게 영어 단어를 못 외우냐고 지적한다면 어떻게 될까? 그것 때문에 영어가 싫어질 것이다. 잘하는 부분을 칭찬해주고 예전보다 어떤 것을 더 잘하게 되었는지 격려해준다면 아이들은 계속 영어를 하고 싶어 할 것이다. 그리고 부족했던 그 부분들도 차츰차츰 채워나갈 것이다.

영어 공부에 행복한 기억을 가진 아이로 키워라

일산서구 키즈엔리딩은 늘 대기자들로 넘치는 분원이다. 이곳을 책임지는 양경희 원장은 "초등 영어의 목표는 영어를 대하는 태도의 실력을 높이는 것"이라고 말한다. 영어를 잘하는 것보다 더 중요한 것은 아이가 영어를 좋아하고 영어에 대한 자신감을 갖는 그 태도가 중요하다는 것이다. 양 원장은 또한 열 개의 영어를 알아도 두세 개밖에 못 쓰는 아이가 아니라 세 개밖에 몰라도 그 세 개를 자신 있게 쓸 수 있는 아이로 키우고 싶다는 소망도 덧붙였다.

양 원장에게 영어책을 재미있게 읽히는 비결을 물었더니 이런 대답이 돌아왔다.

"아이가 자기를 좋아하게 하는 거예요. 자기가 무엇을 잘하는지 알게 해주는 것이죠."

나는 양 원장을 좋아한다. 그분을 만나면 나를 특별히 더 좋아해주는 것 같아서 나 자신이 더 좋아지기 때문이다. 그분은 만나는 모든 사람들에게 '너는 특별해'라는 느낌을 준다. 그래서 아이들이 더욱 열광하는 것이 아닐까?

영어 독서를 지도하다 보면 실력이 정말 천천히 느는 아이들이 있다. 아픈 손가락처럼 그런 아이들을 어떻게 지도해서 영어를 잘하게 할까가 고민이다. 그러나 그 아이가 영어에 대한 좋은 느낌을 가지고 있다면, 어떤 때가 되었을 때 아이는 비로소 영어를 공부할 힘을 낼 수 있을 것이다.

학습하듯이 영어를 배우다 보면 파닉스로 시작하여 단어를 외우고, 어려운 영어 문장을 선생님의 도움으로 간신히 하나하나 해석하고, 문제집을 풀 수밖에 없다. 게다가 교재에서 본 문장이 전부인데 그것으로 영어 에세이까지 써야 한다. 이런 식의 주입식 영어 교육을 따라가는 모범생들도 물론 있지만, 아이는 결국 영어를 즐기고 사랑하는 방법을 배울 수 없게 된다. 그리고 진정으로 즐거워서 공부하는 아이를 결코 따라잡을 수 없게 된다.

처음에는 학습하듯이 영어를 배우는 아이들의 실력이 빨리 느는 것처럼 보이기도 한다. 그러나 결국 진짜 영어 실력을 증명해야 할 때가 올 때까지 영어를 계속 하고 달려갈 수 있는 아이들은 영어에 대한 행복한 기억을 갖고 있는 아이들이다.

독서로 익힌 단어는
절대로 까먹지 않는다

"엄마, 내가 왜 영어 시험을 매번 100점 맞는 줄 알아?"

아들이 물었다. 나는 속으로 웃음이 나왔지만 "왜?"라고 물어봐주었다.

"영어 단어를 보면 느낌이 와. 그래서 난 모르는 단어가 나와도 그냥 찍으면 맞아. 그래서 매번 100점 맞는 거야."

영어 학원 한번 다니지 않고 영어책으로만 영어를 배운 아들에게 영어 단어 하나하나가 주는 느낌은 원어민이 느끼는 것과 같다.

우리말도 '대출', '불경기', '경기 침체' 같은 단어를 들으면 왠지 마음이 무겁고 갑갑해지지 않는가? 반면 '선물', '해외여행', '휴가' 같은 단어는 전혀 다른 느낌을 준다. 영어도 그렇다. 그리고 내 아들은 영어에서 그 '감'을 느낀다.

책읽기로 자연스럽게 뜻을 유추한다

영어책을 통해 단어를 익힌 아이들은 그 단어를 접하면 의미와 느낌이 동시에 온다. 《옥스퍼드 리딩 트리》 시리즈 중에 《Push》라는 책이 있는데, 첫 장면이 진흙에 빠진 자동차 그림이고, 그 밑에 "The car was stuck"이라고 딱 한 줄 써 있다. 그다음 내용은 온 가족들이 그 차를 밀고 당기다가 지나가는 트랙터의 도움을 받아 차를 빼내는 것으로 끝난다. 겨우 8쪽짜리 1단계 영어책이다.

이 시리즈의 다른 책 《Quick, Quick》에서는 주인공이 창살에 몸이 낀다. 이걸 본 누나가 "Quick! Kipper is stuck"이라며 엄마 아빠를 부르고, 친구 가족들까지 합세해 주인공을 창살에서 빼내느라 난리다. 잘 빼내어지지 않자, 주인공은 "I am still stuck"이라고 말한다. 16쪽짜리 이 책에서 'stuck'이라는 단어가 일곱 번이나 나온다.

이 시리즈의 또 다른 책 《Stuck》에서는 제목이 아예 이 단어다. 울타리에 낀 개를 빼내기 위한 노력이 주된 내용이다. 이런 1단계 책들을 쭉 읽은 아이가 'stuck'이라는 단어의 뜻이 '~에 빠져 꼼짝 못하는'이라는 것을 유추하기가 과연 힘들까?

아이들은 스토리 속에서 이 책의 의미를 유추할 수 있을 뿐만 아니라 'stuck'이라는 단어를 들으면 뭔가 답답해서 빨리 빠져나가고 싶은 감정까지 느끼게 된다. 그러니 이 단어를 기억하고 자유자재로 쓰는 것이 훨씬 쉽다. 단어 책에서 스펠링과 함께 애써 외운 것이 아니라 스토리 속에서 자기 스스로 생각해서 단어를 익혔기 때문에 그렇다.

나는 《Stuck》이라는 책을 주면서 책 제목의 뜻을 미리 알려주지 않는다. 오히려 나중에 이 책을 읽은 아이에게 "책 제목이 무슨 뜻인 것 같아?"라고 물어본다. 엄마들의 걱정과는 달리 아이들은 대체로 이 단어의 뜻을 유추해낸다. 어떤 아이는 이 단어를 다른 책 어느 부분에서 봤는지까지 얘기해주기도 한다. "모르는 단어가 있는데 영어책을 어떻게 혼자 읽어요?"라는 걱정은, 영어 독서로 영어를 배워본 경험이 없는 어른들의 기우일 뿐이다.

읽으면서 익히면 왜 좋을까?

연세대학교 영어영문학과 고광윤 교수는 '영어책 읽기가 유일한 방법일 수밖에 없는 다섯 가지 이유'라는 강연에서 책 읽기를 통한 어휘 학습이 왜 최고로 효율적인지 설명했다. 여기서 그 일부를 소개한다.

첫째, 단순 반복 학습이 아닌 재미있는 스토리를 통해 최고의 연상 단서를 제공하기 때문이다. 단어 교재에서 외운 단어는 아무런 감정도 일으키지 않기 때문에 돌아서면 까먹을 수밖에 없다. 재미있는 삽화나 예문을 곁들이기도 하지만, 스토리만큼 강렬한 기억을 남기지는 않는다.

둘째, 책에서는 단어가 중요한 순서대로, 중요한 횟수만큼 출현해서 반복적으로 복습된다. 이른바 '사이트워드(Sight Word)'라는 것인데, 영어를 쓸 때 빈도수가 높은 단어들이다. 그래서 어느 영어 학습서는 자주 등장하는 기본 단어 목록을 학습용으로 제시하기도 하고, 아예 '사이트 워드 스토리' 시리즈도 있다. a, the, he, she, and 같은, 자주 눈에 띄는 단어들을 먼저 익혀서 영어를 쉽게 배울 수 있게 하자는 취지에서

다. 영어책으로 단어를 배우게 되면 이렇게 사이트워드처럼 정말 자주 등장하는 기본적이고도 쉬운 단어들을 문장 안에서의 쓰임과 함께 습득하게 된다.

학습하듯이 단어를 공부한 아이들에게서 나타나는 재미있는 점이 있다. 어려운 단어의 뜻은 알면서도 쉬운 단어는 잘 모르는 것이다. 'reserve(예약하다)', 'infect(감염시키다)'라는 단어는 알면서, 'poor(가난한)', 'teacher(선생님)' 같은 단어는 모르는 식이다. 이런 아이들이 해석을 못하는 문장은 "We got it(알았어)" 같은 것들이다. 한 단어가 여러 가지 뜻을 가지는 것도 따로따로 외우려고 하니 어려울 수밖에 없다.

특히 'get'이라는 단어는 정말 여러 가지 의미로 쓰여서 한국 사람들이 가장 제대로 활용하지 못하는 단어다. "We got it"에서처럼 '알았다'로 쓰이기도 하고, "He got him a rug"에서처럼 러그를 '갖다주다'라는 뜻으로 쓰이기도 한다. "Got you"에서는 너를 '잡았다'라는 뜻으로, "Floppy got muddy"에서는 플러피가 진흙투성이가 '되었다'라는 뜻으로도 쓰인다. 이 외에도 get의 뜻은 여러 가지가 더 있다.

학습하듯이 영어를 배우는 아이들이 또 어려워하는 것은 동사구다. 원어민들이 '불을 끄다'라는 의미로 'put out'이라고 하는 것을 굳이 'extinguish'라고 쓴다. 'put out', 'put up', 'put off', 'take out', 'take off', 'break out', 'bring about', 'break out' …… 고등학생 때 이런 수많은 동사구들을 정리해서 예문과 외웠는데 뒤죽박죽 섞여서 엄청 헷갈렸던 기억이 난다. 영어책에서는 이런 동사구들이 적절한 스토리와 함께 등장하기 때문에 굳이 외우려고 애쓰지 않아도 외워진다.

영어책을 읽은 지 1년 정도 된 2학년 아이에게 그 책에 나온 'look for'와 'find'가 무슨 차이가 있냐고 물어봤더니, "look for는 찾는 거구요, find는 이미 찾은 거요. 잃어버렸던 것을 찾으면 I found it! 이러잖아요"라고 대답했다. 놀라운 점은 그 책에는 'I found it!(찾았다!)'이라는 표현이 나오지 않는다는 것이다. 다른 책에서 본 걸 아이가 기억해낸 것이다.

그런데 단어 교재로 이 단어들을 공부한 아이들은 'look for'도 한글 뜻이 '찾다'로 되어 있고, 'find'도 '찾다'로 되어 있으니 그 차이를 잘 몰랐다. 'wear'와 'put on'의 차이도 영어책을 읽은 아이들은 그림을 통해 자기도 모르게 습득하고 있었다. 'I am wearing my pants'라고 하면 바지를 이미 입고 있는 상태이고, 'I am putting on my pants"는 바지를 입고 있는 행동이다. 책에서 그림을 잘 관찰하는 게 중요한 이유다.

외우지 말고 체화하자

영어 수업 시간에 빠뜨리지 않고 꼭 보는 단어 시험을 통해서 영어 단어를 공부하는 게 더 쉬울까, 아니면 영어책으로 단어를 습득하는 게 더 쉬울까? 영어 교재에서 나온 단어를 몇십 개씩 시험 보며 외운 아이들은 그 단어를 '제대로 충분히'는 알지 못한다. 딱 시험 정답을 맞힐 정도까지만 안다. 그것도 시간이 지나면 곧 까먹겠지만 말이다.

어려운 영어 단어를 많이 알고 있다고 영어를 잘하는 것일까? 영어 교재에서 하나의 예문, 하나의 지문을 통해서 공부한 단어는 완전히 내

것이 아니다. 수많은 영어 스토리 속에서 그 단어가 어떻게 쓰이는지 충분히 많이 접하지 않으면, 그 단어를 정확히 어떤 상황에서 어떻게 써야 할지도 잘 모르고 조금만 다른 뜻으로 쓰여도 적용하지 못한다.

반면 영어책을 통해서 단어를 익힌 아이들은 그 단어를 어떤 상황에서, 어떤 단어와의 조합을 통해 어떤 뉘앙스로 사용해야 하는지까지도 함께 습득한다. 시험은 물론이고 어떤 대화에서나 어떤 글에서도 그 단어를 자유자재로 쓸 수 있는 자신감을 얻는다. 그 단어가 쓰인 예를 수없이 봤기 때문에 두려움 없이 사용할 수 있게 된다. 스토리 속에서 익혔으니 오래오래 기억에 남기도 한다.

영어 단어를 외우고 공부하는 아이가 처음에는 빨라 보인다. 하지만 결국 장기적으로는 영어 독서를 통해 영어 단어를 체화한 아이들을 이길 수 없다. 힘들게 영어 단어를 외운 아이는 지치지만, 영어책을 재밌게 읽은 아이들은 지치지 않는다. 그냥 새로운 영어책을 재밌게 읽는 동안 제대로 알고 사용할 수 있는 영어 단어도 계속 늘어나기 때문이다.

내신도, 수행평가도,
계속 바뀌는 입시도 어렵지 않다

키즈엔리딩 원장들 중에는 중고등 내신과 입시에서 강의 경력 10년이 넘은 분들이 있다. 그분들 중에는 공부방으로 1억 넘게 번 분들도 있다. 그런데 왜 잘하던 입시 영어에서 초등 영어 독서로 바꾸느냐고 물어보면 다들 이렇게 대답한다.

"주입식 영어 교육은 가르치는 사람도 배우는 사람도 고통스럽거든요."

예전 중고등학생들은 단어를 외워오게 하고 문제집을 풀게 하면 됐는데, 요즘 아이들은 그런 방식을 너무 힘들어한다는 것이 그분들의 한결같은 대답이었다. 인내심과 지구력이 예전 아이들보다 훨씬 떨어지는 아이들에게 억지로 쑤셔 넣으려고 하니 학생도 선생님도 지친다는 말이었다. 게다가 중학교 1학년 자유학기제, 자유학년제가 실시되면서

1학년 내내 시험 없이 보내는 분위기라 2학년 때부터 영어를 가르치려고 하면 기초도 안 되어 있는 아이들이 수두룩한 데다 요즘 아이들은 힘든 것을 잘 못 견뎌 성적이 올라도 공부를 그만두기 일쑤라고 했다.

그분들이 꼽은 두 번째 이유는, 학습 방식의 영어 교습으로 영어 내신 1등급이 통하는 시기는 고1까지가 한계라는 것 때문이었다. 스피킹과 라이팅을 요구하는 수행평가의 비중이 30~50퍼센트로 점점 높아지면서 이제 지필평가만으로 내신을 끌어올리는 것은 불가능해졌다. 아이들에게 영어 내신 1등급을 만들어줘서 좋은 대학에 갈 수 있게 해주는 게 보람이었는데, 이제 그렇게 하기가 어려워졌다고 그분들은 말했다.

어떤 아이는 지필평가에서 96점 받고도 수행평가에서 낮은 점수를 받아 최종적으로는 영어 내신을 4등급 받았다고 했다. 암기력이 좋은 아이들은 어떻게든 학습 방식으로 공부를 시켜서 1등급을 나오게 할 수 있지만, 그것도 고1까지가 한계라고 선생님들은 입을 모았다.

영어 과목 수행평가가 50퍼센트인 학교를 가정해보자. 중간고사를 100점 맞아도 전체 평가점수에서 25점밖에 얻지 못한다. 기말고사에서 100점을 맞으면 또 25점을 얻어 50점이 된다. 나머지 50점은 수행평가에서 채워야 한다. 예전처럼 지필평가만 100점 받으면 되는 시대는 지나갔다.

수행평가는 파워포인트를 이용한 발표력과 라이팅이 대부분이다. 즉, 스피킹과 라이팅을 보는 것이다. 학교에서 수행평가 비중을 점점 높이는 이유는 지필평가보다 학생들의 진짜 영어실력을 파악할 수 있기 때문이다. 앞으로 수행평가 비중은 더 높아질 가능성이 있다. 스피킹과 라이팅을 자연스럽게 잘하게 하려면 영어 독서보다 더 좋은 방법은 없다.

입시 쪽에 오래 있었던 선생님들이 만난 아이들 중에 별로 영어 공부를 안 하는 것 같은데도 영어 성적이 잘 나오는 아이들은 열이면 열, 다 영어 독서를 한 아이들이었다고 한다.

절대평가라고 1등급이 쉬워졌을까?

2014년 12월 교육부는 2018학년도 수능시험부터 영어 영역에 절대평가를 도입한다고 발표했다. 이에 따라 2017년 치러진 수능부터 영어 절대평가가 적용되어 시행되고 있다. 학부모와 교사 및 학생들은 90점 이상은 모두 1등급이 되는 절대평가 제도의 시행으로 영어가 쉬워질 것이라고 기대했다. 그리고 예상대로 2018년 수능에서는 영어 1등급을 받은 학생이 전체에서 10.3퍼센트를 차지해 이를 증명하는 듯했다. 그러나 다음 해 치러진 수능에서는 영어 1등급 비율이 5.3퍼센트로 크게 떨어졌다.

영어가 절대평가로 바뀌었다고 해서 1등급을 받는 것이 쉬워졌을까? 통계에서 보듯, 영어 영역에서 1등급의 비율은 절대 쉬운 수치가 아니다. 게다가 수능 영어 시험의 지문은 점점 길어져 1분 30초 안에 한 문제를 푸는 속도를 내야 한다고 한다. 그런데 언제 그 긴 지문을 한줄 한줄 다 해석하고 있을 것인가? 그냥 쓰윽 훑어보고 직감적으로 국어 문제 풀듯 풀어야 한다.

지문 난이도도 2018년 평균 AR 9.54에서 9.99로 올라갔다. 평균이 9.99이니 쉬운 문제도 있지만, AR 13점대의 어려운 문제들도 있다. AR 지수는 미국 르네상스러닝사(Renaissance Learning, Inc.)에서 도서의 문장 길이, 난이도, 어휘 수준을 종합하여 개발한 영어 독서 평가지수로서, 미국 45,000개 이상의 학교에서 사용하는 독서관리 프로그램에서 책의 레벨을 정할 때 사용한다. AR 지수는 미국 교과서 커리큘럼에 맞추어 한 학년을 총 열 개의 단계로 나누며, 영어책 북퀴즈를 통해서도 책의 난이도를 매긴다. 일례로 AR 지수가 9.5라면 미국 9학년 학생이 5개월 정도 공부한 리딩 레벨에 해당한다.

영어 독서는 대입 준비의 최전선

시험 범위가 있는 영어 시험은 중학생 때로 끝이다. 고등학생들이 모의고사나 수능에서 만나는 영어 지문은 난생처음 보는 것들이라고 봐야 한다. EBS 교재와의 연계성이 있다고는 하지만 지문 자체가 동일한 것은 아니다. 영어 독서는 이 난생처음 보는 영어 지문을 순식간에 읽고 내용을 파악하는 훈련을 시켜준다. 한 줄짜리 1단계 영어책부터 난생처음 보는 영어 문장을 자기 혼자 힘으로 파악하는 연습을 하게 돕는다.

영어 독서를 할 때는 책에 나온 어떤 단어도 그냥 알려주지 않는다. 아이는 스스로 그림을 잘 관찰해서 이를 힌트 삼아 스토리를 파악하고 모르는 단어를 유추해가며 책을 읽어야 한다. 이런 식으로 영어 글을 많이 읽은 아이들은 해당 지문을 빨리 읽고 저자가 말하고자 하는 핵심을 파악하는 능력을 기르게 된다. 영어 독서로 진짜 영어 실력을 쌓았기에, 이 아이들은 문제집을 풀면서 문제 유형만 조금 연습하면 내신 영어 시험도 쉽게 준비할 수 있다.

시험만을 목적으로 영어 공부에 매진한 학생들은 대학에 진학해서도 많은 어려움을 겪는다. 교환 학생을 가고 싶어도 현지 수업을 감당할 수 있는 진짜 영어 실력을 갖추지 못해 떨어지는 경우가 많으며, 원서로 강의를 진행하는 수업에서는 강의를 따라가지 못해 힘들어한다. 어떤 경우든, 영어책을 읽지 않고 시험 영어만 준비한 아이들의 삶은 점점 고달파지고 있다.

간신히 대학을 졸업하고 원하는 직장에 들어가도 영어는 계속 아이들의 발목을 잡는다. 승진 때마다 필요한 영어 시험을 준비하느라 스트레스를 받고, 실무에서 쓰는 영어를 따라가지 못해 또 진땀을 뺀다. 그래서 학습하듯이 시험 영어만 공부해온 아이들은 평생 영어에서 자유롭지 못하다.

2001년부터 교육 개혁을 준비한 일본은 개혁의 결과 중 하나로 우리나라 수능 시험에 해당하는 센터시험을 2020년 1월로 폐지한다고 결정했다. 일본은 객관식으로 치러진 이 시험을 없애고 논술, 서술형 시험을 본다고 한다. 우리나라 입시제도도 시험만 잘 보는 아이가 아니라 제대로 된 영어 실력이 있는 아이를 가려내는 방향으로 바뀔 것이다. 입시제도가 언제 어떻게 바뀌든 진짜 영어 실력을 갖춘 아이는 두려워할 필요가 없다.

미국 최고의 고등학교로 손꼽히는 토머스 제퍼슨 고등학교(Thomas Jefferson School)는 우리나라의 수능에 해당하는 SAT 성적 1위를 자랑한다. 그 힘은 바로 OR(Outside Reading)에 있다. 이 학교의 학생들은 매일 양서를 읽고 분석과 감상을 정리해야 한다. 독서가 아주 익숙한 활동이 되면 더 빠른 시간에 더 많은 글을 읽고 파악할 수 있는 뇌로 발달한다. 그래서 고등학생 때 이런 독서를 해온 이 학교 학생들이 미국 SAT 시험에서도 1등을 하는 저력을 발휘하는 것이다.

인구 절벽 시대의 입시 전략

정부 개편안에 따라 2022학년도 대학 입시에서는 정시 선발 인원이 대학별로 30퍼센트 이상으로 늘고 수시 선발 인원은 70퍼센트를 유지하며 대학수학능력시험에서는 선택 과목이 대폭 확대된다. 정시 선발 인원이 조금 확대되기는 했지만 여전히 수시 선발이 대입에서 대세를 차지하는 데에는 변함이 없다.

수시에 대비하려면 학생부종합전형(학종) 관리가 매우 중요하다. 자신이 지망하는 수시 전형에 맞추어 자기소개서와 면접, 논술, 적성고사 준비 등에 힘을 써야 한다. 특히 자기소개서는 입학 사정관들이 눈여겨보는 매우 중요한 자료이므로 특별히 공을 들여야 한다. 어떤 전공을 선택할 때 정말 이 분야에 관심이 있는 학생인지를 대학에서는 매우 중요하게 생각하기 때문이다.

2017년 교육통계서비스 자료에 따르면, 2019학년 대학 입학 정원은

약 55만 명이다. 60만 명에 육박했던 학생 수가 2019년에는 고3이 약 52만, 고2가 약 46만 명으로 줄어든다고 한다. 인구 절벽 이야기가 나올 만도 하다. 학령인구가 줄어듦에 따라 교육부에서는 대학에 대한 구조조정 평가를 시행하고 있는데, 이때 대학 평가에서 중요한 것이 중도 이탈률이다. 입학한 학생이 졸업하지 않고 중도에 이탈하는 비율이 높을수록 평가에서 불리하기 때문에, 각 대학은 신입생을 뽑을 때 전공 적합성을 매우 중요하게 따진다. 정말 이 전공 분야에 관심이 있어서 졸업할 때까지 다닐 학생을 뽑아야 하는 것이다.

군이 대학 구조조정 평가 때문이 아니라도, 이제 대학들은 단순한 시험 성적보다는 대학에 입학한 뒤 전공 분야에서 두각을 나타낼 수 있는 인재를 선발하는 데 중점을 둔다. 수능 점수보다는 학생의 발전 가능성을 더 높이 사는 것이다. 이를 가장 일목요연하게 살펴볼 수 있는 것이 바로 생활기록부와 자기소개서가 되므로 이 둘의 관리는 매우 중요하다.

자기소개서를 쓸 때는 본인이 이 전공을 지원한 이유와 이 분야에 대한 탐색의 과정을 서술한다. 탐색의 기본은 해당 분야의 관련 서적이 될 수밖에 없으므로 고교 생활 전반에서 도서 목록 관리는 필수다. 대입 면접관은 자기소개서를 보고 학생이 그 책을 직접 읽었는지를 최우선으로 확인한다고 한다. 따라서 수박 겉핥기식으로 책을 읽었거나 거짓으로 쓴 경우에는 면접에서 백 퍼센트 걸러진다는 사실을 명심해야 한다.

퇴촌숲속 키즈엔리딩의 서지숙 원장은 한국외국어대학교에서 독서 동아리 활동을 하면서 읽은 인문, 사회, 철학책들에 대한 리뷰를 블로

그에 써왔는데, 서울대학교 정치학과 대학원 합격에 이 블로그가 결정적 역할을 했다는 것을 나중에 교수에게 직접 들었다고 한다. 중고등학생 때 읽은 영어책들에 대한 리뷰를 블로그에 차곡차곡 써놓는다면 자기소개서에 자신의 블로그 주소 한 줄을 적어 넣는 것만으로도 깊은 인상을 남길 것이다.

영어 독서를 한 아이들은 내신도, 수행평가도, 계속 바뀌는 입시도 어려울 것이 없다. 기회가 되어 해외 유학을 간다 해도 영어 독서로 실력을 키워온 아이들은 학습하듯이 공부를 한 아이들보다 훨씬 쉽게 현지 학교에 적응한다. 영어 독서를 해온 아이들에게 영어는 특별한 무엇이 아니라 일상이기 때문이다.

생각머리를
키우자

스물다섯 살의 어느 날, 일본의 거장 무라카미 하루키의 책을 읽다가 수필을 써보고 싶다는 생각을 했었다. 그 한 해 동안 열여덟 개의 글을 써서 제본해놓았다. 그 수필집 《해동된 냉동인간의 얘기를 듣는 즐거움》을 오늘 다시 읽어보았다.

그리고 스물다섯 살의 내가 쓴 글을 읽으면서 깨달았다. 어떻게 살아야 할 것인가 끊임없이 고민하며 이제까지 달려온 것 그리고 삶의 난관에 처할 때마다 견디어온 것은 책 읽기를 통해 단련된 생각머리 덕분이었음을.

이 수필집의 제목이기도 한 '해동된 냉동인간의 얘기를 듣는 즐거움'의 일부를 소개하고 싶다.

대학교에 들어와서 나는 너무나 벅찬 행복감을 느꼈다. 중학교 때 작은 창구를 통해 보았던 그 수많은 서가들 사이를 누비고 다닐 수 있었기 때문이다. 처음 그곳에 들어갔을 때, 마치 보물 창고에 들어온 듯한 기분이 들었다. 책을 펼치면 그 속에는 무한한 세계가 펼쳐져 있었다. 나는 시간과 공간을 초월하여 수많은 사람들을 만날 수 있었다. 일제 강점기로 가 김유정, 김동인, 한용운 등의 작가도 만나고, 김산과 같은 독립운동가도 만났다. 그들은 책 속에서 생생히 살아 있었다. 책 속에서 그들은 분명 살아 있었다. 프랑스혁명기의 수많은 민중들, 시몬 드 보부아르(Simone de Beauvoir), 버지니아 울프(Virginia Woolf), 김대중, 정조 그리고 유대인 수용소의 사람들…… 그들은 내가 책을 펼치면 몇십 년, 혹은 몇백 년간의 깊은 잠에서 깨어난 냉동인간처럼 되살아나 나에게 자신들의 이야기를 들려준다.

미래를 위한 준비, 독서

'사람은 책을 만들고, 책은 사람을 만든다'라는 교보문고의 슬로건처럼, 중학생 때부터 시작한 독서가 지금의 나를 만들었다. 힘든 시대를 살면서 고뇌하고 이겨나갔던 다른 사람들의 삶을 들여다보면서 나 또한 가치 있는 삶을 꿈꾸게 되었다. 남들의 가치관에 떠밀려서 살아온 것이 아니라 나 자신이 인정할 수 있는, 내가 진정 원하는 삶이 무엇인지 알아내려고 발버둥을 쳤다.

더 나은 세상을 만들기 위해서 내가 할 수 있는 일은 무엇인지 생각해왔다. 삶의 중요한 고민이나 갈림길에서 책은 항상 나에게 건설적인 해답을 주었다. 중학생 때부터 해온 책 읽기야말로 지금의 나를 있게 한 최고의 미래를 위한 준비였다.

스물다섯 살의 내가 살았던 세상과 지금의 내가 사는 세상은 많이 변했다. 영화에서나 나왔던 영상통화가 가능하고, 누구나 핸드폰을 통해 언제든 연락이 가능한 시대가 되었다. 지금의 초등학생들이 맞이할 세상은 또 얼마나 달라질 것인가?

미래학자인 앨빈 토플러(Alvin Toffler)는 "한국 학생들은 하루 열다섯 시간 동안 학교와 학원에서 미래에 필요하지 않을 지식과 존재하지도 않을 직업을 위해 시간을 낭비하고 있다"라고 말하며 한국의 교육에 대해 탄식했다.

정말 쓸모 있는 교육인가?

이인화의 역사소설 《영원한 제국》을 읽었을 때 나는 너무나 억울했다. 정조의 개혁 의지가 좌절되었기 때문만은 아니었다. 우리나라 국사 교육에 대한 분노 때문이었다. 나는 사도세자가 어떤 사람인지, 영조가 왜 그런 일을 했는지, 정조가 왜 규장각을 세웠는지도 모르고, 왜 갑자기 정약용이 수원성 축조에 관여했는지도 모른 채 무조건 외웠었기 때문이다. 사실 그때는 그런 것을 알 필요도 없었다. 탕평책이 나오면 영조와 연결시키고, 규장각이나 문체반정이 나오면 정조와 연결시킬 수만 있으면 국사 점수는 충분히 잘 나왔으니까.

지금으로부터 200여 년 전에 정조가 반대 세력의 암살 위험에 시달리면서 세자 시절을 보내고, 왕이 되어 부패한 이들을 몰아내고 새 정치를 하고자 애썼던 그 깊은 고뇌와 갈등을 외면한 채 그저 달달 외우기만 했다. 중고등학교 때 배운 그 많은 국사 교과서에는 정조의 여러 업적이 나왔지만, 어느 한 권도 정조의 고뇌와 고투를 담은 책은 없었다. 어째서 십 대의 나는 정조와 그의 업적들을 단순히 암기하는 데 그쳐야만 했을까? 정조의 절절한 노력과 투지를 배워야 했던 것은 아닐까?

언젠가 세계 선진국의 교육을 소개하는 TV 프로그램을 본 적이 있다. 그것을 보면서, 정말 억울하다는 생각이 들어서 참을 수 없었다. 내가 16년간 받은 교육에 대한 억울함이 무엇보다 너무 컸던 것이다. 나도 모르는 사이에 강제 주입식으로 받아온 교육과, 이해도 못하고 달달 외웠던 것들에 대한 억울함에 울분을 참기 힘들었던 기억이 있다. 이 글들 또한 내가 스물다섯 살에 쓴 수필집에 들어 있는 것이다.

교육평론가 이범은 우리나라 교육의 문제점에 대해서 "OECD 국가중 정답을 가장 잘 맞히는 학생들. 그러나 흥미도와 자신감은 최하 수준"이라고 평가했다. 그는 우리나라와 선진 외국과의 교육을 이렇게 간단히 비교했다.

"우리가 초, 중, 고 세 번을 거치면서 임진왜란도 세 번 배웠다. 하지만 《난중일기》를 일부라도 읽어본 적이 있는가? 우리는 국사 시간에 임진왜란에 대해 배우면서 《난중일기》라는 네 글자만 외운 것이다. 하지만 미국 학교에서 수업 시간에 임진왜란을 가르친다고 가정한다면, 가장 기본적인 숙제가 '《난중일기》를 읽어와라' 내지는 '《난중일기》를 읽고 에세이를 써와라'다."

《난중일기》의 네 글자만 외우면서 어떻게 흥미와 자신감이 생기겠는가? 지금의 초등학생들도 여전히 몇십 년 전의 나처럼 영문도 모르고 그저 시키는 대로 주입식 암기 교육에 끌려 다니고 있다. 그러면서 왜 자신이 공부에 별로 흥미와 의욕이 없는지 이상하게 여기지도 않는다. 왜 그런지 스스로 생각해보고 파헤쳐가는 능동적인 배움이 아니라, 정답만을 암기하는 수동적인 배움을 해왔기 때문이라는 것을 모른다. 그냥 '배우는 것'은 공부이고, 공부는 지루하고 재미없는 것이라고 믿고 있다. 자신만의 주관도 생각도 없는 초점 없는 아이들의 눈빛을 보면 안타깝다. 게임을 할 때 외에는 금세 무기력해지는 아이들을 보면 정말 안타깝다.

아이들이 이렇게 학교와 학원에서 암기 위주의 주입식 교육을 받다 보니, 여가시간에는 머리가 피곤하다. 그래서 요즘 아이들은 가벼운 재미밖에 주지 못하는 게임이나 유튜브 동영상, 웹툰, TV에 빠져서 정말 깊은 재미를 주는 책의 매력을 발견하지 못하고 있다.

놀이미디어 교육센터의 권장희 소장은 '세바시(세상을 바꾸는 시간, 15분)' 강연 '스마트폰으로부터 아이를 지켜라'에서 생각머리를 키우지 못한 아이들이 미래에 어떤 삶을 살게 될지 애플사의 아이폰을 예로 들어 설명한다.

"아이폰 하나 만드는 데 제작비가 100원이라면 그중에 30원은 부품 구입비이고, 조립하는 데에는 5원이 들어간다. 나머지 65원은 애플사가 가져간다. 아이폰 뒷면에는 '애플이 디자인하고 중국에서 조립되었다(designed by Apple in California Assembled in China)'라고 써 있다.

디자인은, 한마디로 말하면 전두엽을 사용한 비용이라 할 수 있다. 쉬운 말로 하면 아이디어, 어려운 말로 하면 R&D, 즉 연구개발비다." 아이폰의 이 사례는 자기 생각이 없는 아이들은 손을 사용해서 남이 시키는 일만 하는 5원짜리 인생이 될 것이라는 엄중한 경고다. 권 소장은 아는 것이 힘인 시대는 지났다고 강변한다. 이제는 남의 지식으로 사는 것이 아니라 창의적인 자기 생각으로 사는 시대가 왔는데, 요즘 아이들은 그게 안 되고 있다고 탄식한다.

그러나 책을 읽으면서 생각머리를 키워온 아이들은 어떤 세상이 오든 거기에 휩쓸려가지 않고 자기 삶의 자리를 찾아갈 것이라고 믿는다.

생각하려고 하지 않는 아이들

《Robin Hill School》이라는 쉬운 레벨의 영어책 시리즈가 있다. 이 중에서 《Fall Leaf Project》라는 책을 보면 로빈힐 초등학교의 아이들이 낙엽을 주워서 다른 주에 있는 학교에 보내는 내용이 나온다.

지금까지 내가 이 책을 읽은 아이들에게 "왜 낙엽을 다른 학교 아이들에게 보냈을까? 가을에 낙엽은 흔한 거잖아?"라고 물었을 때 제대로 대답했던 아이는 거의 없었다. 더 중요한 것은 그게 이상하다고 생각하면서 책을 읽는 아이들이 거의 없다는 것이다. 그 책에 나오는 문장 해석은 거침없이 하는 아이도, 정작 이런 질문에는 제대로 답을 하지 못한다. 암기 위주의 학습 방식으로 공부해온 아이들이 특히 더 그렇다. 이런 아이들은 궁금한 게 없다. 알고 싶은 것도 없다. "왜 그러지?" 하는 질문 자체를 하지 않는다.

다른 학원은 안 다니고 영어 독서만 한 아이들만 가끔 이 책을 읽고 먼저 나에게 물어본다.

"왜 낙엽을 다른 학교에 보내요? 같은 나라 아이들 아닌가요?"

그러면 나는 너무나 감동해서 그런 궁금증을 가졌다는 것 자체를 마구 칭찬해주는데, 그 아이들은 내가 왜 그리 감동하는지 오히려 이상하다는 표정이다. 이렇게 물어보는 아이들에게도 나는 바로 답을 알려주지 않고, 책의 그림에서 힌트를 주고 아이 스스로 생각해보게 한다. 책의 앞부분 그림에는 미국 지도가 있다. 나는 그 지도 그림을 같이 보면서 물어본다.

"우리나라는 가을이 되면 전국 어디에서나 낙엽을 볼 수 있잖아. 그런데 미국도 그럴까?"

그러면 비로소 답을 맞히는 아이들이 나온다. 로빈힐 아이들이 보낸 낙엽을 받아서 수업을 하는 아이들의 선생님은 일본인이고 아이들은 미국인이다. 이 학교가 하와이에 있다고 책 어디에도 나와 있지 않지만, 하와이에 일본인이 많이 산다는 것을 알기에 나는 그냥 하와이라고 추측한다.

재미있어서 하는 일은 열매로 돌아온다

《산골 소년 영화만 보고 영어 박사 되다》(좋은인상, 2008)를 쓴 저자 나기업은 만화영화를 통해 영어를 홀로 마스터한 영어 박사다. 이 책을 쓸 당시 그는 십 대의 청소년이었다. 나는 이 책을 읽으면서 그가 영어를 잘하게 된 후에 수많은 영어 원서들을 재미있게 읽으며 생각머리를 키워가는 과정을 지켜보았다. 세상의 요구에 자신을 맞추기보다는 자신의 주관을 가지고 세상을 살아가는 힘을 어떻게 키워가는지 말이다. 그는 "재미있어서, 좋아서, 알고 싶어서, 궁금해서, 호기심 때문에" 뭐든 해야 성과가 좋다고 강조한다. 그리고 그 자신이 그 사실을 훌륭하게 증명해냈다.

이것이 바로 내가 영어를 영어책으로 가르치고 싶은 이유다. 아이들이 영어도 책을 통해 익힘으로써 시공간을 넘나들며, 수많은 사람들의 삶을 경험했으면 한다. 그래서 타인을 이해하며 깊은 사고가 가능한 가장 인간다운 인간으로 성장하기를 바란다. 아무리 좋은 대학, 좋은 직장에 들어가도, 아무리 돈을 많이 벌어도, 그것이 행복을 가져다주지 못한다. 자기 자신을 이해하고 타인을 이해하는 깊은 성찰이 없이는 건강한 사회인으로 살아가기 어렵다. 게다가 자기 생각 없이 타인의 생각에 떠밀려 삶을 살아가다 보면 허무함으로 인해 방황할 수밖에 없는 시기가 반드시 온다.

내가 한글책을 읽음으로써 한글 실력이 자연스럽게 좋아진 것처럼, 아이들도 영어책을 읽음으로써 영어 실력이 자연스럽게 좋아질 것이다. 영어 실력 자체를 목적으로 조바심 내지 않아도 건강한 과일나무가 때가 되면 열매를 맺듯이 자연스럽게 영어 실력도 그 열매를 내놓을 것이다.

4차 산업혁명 시대,
무엇을 준비할 것인가?

2014년 1월 EBS에서는 교육대기획 6부작 〈왜 우리는 대학에 가는 가?〉를 방영했다. 전국 열 개 대학생 44명이 6개월간 직접 기획하고 촬영한 대학의 여섯 가지 이야기를 다룬 이 다큐멘터리는 청춘들의 현주소를 생생히 담아 많은 이들의 공감을 불러왔다.

이 프로그램의 2부와 3부 주제는 '인재의 탄생'으로 "누가 과연 시대가 요구하는 인재인가?"라는 질문을 던진다. 이 프로젝트에 지원한 많은 대학생이나 대학 졸업생 중에서 다섯 명의 청년을 뽑아 누가 인재인지를 알아내기 위해 6개월 동안 미션을 수행하도록 한다. 인사 전문가, 인재 스카우트 전문가, 감정코치 전문가, 인재육성 전문가, 주한 호주 대사관 교육부 참사관이 일대일 멘토링 프로그램을 통해 이 다섯 명의 청년을 이끌어간다.

인재의 조건과 인재의 탄생

위 전문가들이 '인재의 탄생' 프로젝트에서 참가자들에게 주는 다섯 가지 미션은 이렇다.

일주일에 5일 이상 운동하기

나의 과거-현재-미래에 대해 10분 발표하기

자신의 장점 50가지 찾기

인왕산 정상 등반하기

글로벌 인재포럼 현장 개별 미션

위의 미션을 수행하는 동안 참가자들은 인재가 되기 위해 필요한 자질들을 개발해나가고 자신이 간과했던 것은 무엇인지 깨닫는 과정이 프로그램을 채운다.

그러나 참가자들은 첫 미션인 '일주일에 5일 이상 운동하기'에서 이미 이 프로젝트를 의심하기 시작한다. 한 멘토가 할 수 없이 참가자들을 불러 모아 첫 미션에서 보고자 했던 인재의 자질이 무엇인지 알려준다. 인재 육성 전문가인 멘토는 주 5회 운동하기는 살아가는 방식이며, 그것은 무엇이든 매일 꾸준히 해나가는 것의 중요성, 결과보다 해나가는 과정의 중요성을 알고 있는가를 보기 위함이라고 말이다.

인사 전문가인 또 다른 멘토는 인재로 인정받는다는 것은 자신이 스스로 얼마만큼 자신을 인재로 인정하고 있느냐가 가장 기본적이고 중요하다고 말한다. 결국 이 프로그램은 '나를 진정 사랑하는 사람이 인재'라고 결론짓는다.

프로그램의 말미에서 이 프로젝트의 멘토들은, 인재의 기본 자질은 사실 예전이나 지금이나 변함이 없다고 힘주어 말한다.

문제는 자신감이다

〈아이 필 프리티(I Feel Pretty)〉는 자존감이 얼마나 중요한지를 보여주는 유쾌한 코미디 영화다. 주인공 르네는 매력적인 성격에 패션 센스도 뛰어난 여성이지만 자신의 통통한 몸집에 늘 불만이다. 외모에 대한 열등감으로 살아가던 르네는 아름다워지기를 갈망하며 피트니스 센터에서 운동을 하다가 넘어져 머리를 심하게 부딪치는 사고를 당한다.

사고 이후 르네에게는 큰 변화가 생긴다. 뇌에 이상이 생겼는지, 거울 속에는 늘씬하고 아름다운 여성이 보인다. 르네는 날씬해지고 아름답게 해달라는 자신의 기도에 신이 응답을 해주었다고 믿는다. 이후 르네는 자신감을 얻어 미니스커트를 당당하게 입으며 남자친구를 사귀게 되고, 새로운 직장에서 기회를 잡게 된다.

그러나 승승장구하던 것도 잠시, 큰 프로젝트의 발표를 앞두고 다시 머리를 부딪치면서 제정신이 돌아온다. 그리고 자기 모습은 항상 그대로였음을 알게 된다. 그러나 자신이 예쁘다고 믿은 것만으로 얼마나 삶이 달라졌는지를 보면서, 외모보다도 중요한 것이 자신감이었음을 비로소 깨닫는다.

나는 수업 시간에 일대일 코칭을 통해 아이들 각자가 다른 아이들과 비교하기보다는 자신의 과거와 비교하며 발전해가고 있음을 깨닫도록 한다. 자신의 속도로 성장하는 기쁨을 알고, 남과는 다른 자신의 가치를 스스로 볼 수 있게 되기를 바라기 때문이다.

상담을 해보면 엄마들은 대개 옆집 아이와 비교하며 자기 아이의 영어 실력을 답답해하지만, 정작 아이는 영어에 대한 자신감을 가지고 있는 경우를 종종 본다. 영어책 읽기와 일대일 코칭을 통해 아이들은 '영어도 하면 되네'라는 자신감을 얻는 것이다.

나는 아이들이 이런 자신감을 가지고 있는 것이 매우 기쁘다. 영어 영재는 아닐지라도 영어에 대한 이 같은 자신감은 아이가 정말 필요할 때, 더 영어 실력을 올리려는 노력을 기꺼이 할 의욕을 불러일으키리라 믿기 때문이다.

인재는 없고 취업만 남았다

미국 최고의 발달심리학자인 로베르타 골린코프(Roberta Michnick Golinkoff)와 싱크탱크 연구소 선임연구원 캐시 허시-파섹(Kathy Hirsh-Pasek)이 '21세기 역량, 어떻게 키워줄 것인가?'를 주제로 펴낸 책 《4차 산업혁명 시대 미래형 인재를 만드는 최고의 교육》(김선아 옮김, 예문아카이브, 2018)에는 4차 산업혁명 시대의 인재에게 필요한 자질이 소개되어 있다.

이들이 꼽는 자질은 6C, 즉 콘텐츠(Content), 협력(Collaboration), 의사소통(Communication), 비판적 사고(Critical Thinking), 창의적 혁신(Creative innovation), 자신감(Confidence)이다. 여기서도 빠지지 않는 것이 자신감이다. 그리고 이런 자질들은 주입식 교육으로는 결코 키워주기 힘들다. 심지어 콘텐츠조차도 원인과 결과에 대한 깊은 탐구 없이 암기식으로 공부했다면 무용지물이 되고 만다. 인간의 암기 속도와는 견줄 수 없는 막강한 인공지능에게 그 자리를 가장 먼저 내주어야 할 것이기 때문이다.

누가 가르쳐주는 것을 수동적으로 받아들이기만 해서는 변화무쌍한 미래에 살아남을 수 없다. 그런데 심지어 영어 지문 하나도 선생님이 일일이 모르는 단어를 다 알려주고 시험 보고 해석해주는 방식으로만 공부한 아이들이 어떻게 비판적, 창의적 사고가 가능할까? 정답만을 요구하는 수업 방식에서 어떻게 자신감을 가질 수 있을까? 나보다 성적이 좋은 아이는 거의 항상 존재하는 현실에서 말이다.

앞서 이야기한 EBS 다큐프라임 〈왜 우리는 대학에 가는가?〉의 1부 '어메이징 데이' 편에서는 서글픈 대학생들의 모습이 그려진다. 대학을 목표로 정신없이 달려온 아이들이 이제는 취업 준비를 위해 친구들과의 관계도 끊고 자발적 아웃사이더가 되는 현실이 나오기 때문이다.

나는 100명 가까이 되는 수많은 대학생들이 한 강의실에서 질문도 없이 무기력하게 앉아 있는 모습에 큰 충격을 받았다. 취업 준비에 더 올인하는 것 말고는 배움에 대한 진정한 탐구가 없어 보이는 강의실은 몇십 년 전 내가 대학을 다녔던 그때에서 단 한 발짝도 앞으로 나아가지 못하고 있었다.

삶에는 정답이 하나일 수 없다

이 글의 시작을 '인재의 탄생'으로 시작했지만, 나는 '인재'라는 용어 자체에서 어떤 거부감을 느낀다. '인재'라는 말을 들으면 '누군가에게 고용되는 사람'이라는 느낌이 바로 오기 때문이다. 왜 항상 우리는 '인재'가 되어서 취업을 해야 한다고만 생각할까? 왜 우리는 반드시 누군가에게 고용되어야 한다고만 생각할까? 왜 고용하는 사람이 아니라 고용되는 사람이 되어야 한다고만 생각할까? 도대체 누가 우리 머릿속에 이런 생각을 넣은 것일까?

20대 초반에 SNS 기반 쇼핑 플랫폼 '스타일쉐어'를 창업한 윤자영 대표는 10대부터 30대까지 트렌드에 민감한 소비자들이 모바일로 패션, 뷰티를 공유하고 더 쉽고 재미있게 쇼핑할 수 있도록 돕는 일을 한다. 그녀가 창업에 대해 얘기한 것이 무척 인상적이었다.

"창업을 해야겠다고 결심하면 그 누구보다 애정을 갖고 잘할 수 있는 아이템을 선택하세요. 그 전제 조건은 그 분야를 누구보다 잘 이해하는 것입니다. 이때 이해는 방법에 대한 이해이기보다는 소비자에 대한 이해를 말합니다. 이것이 훨씬 중요합니다. 자신이 소비자로서, 혹은 소비자를 지켜보니 이런 페인 포인트(Pain Point: 고객들이 불편하게 여기거나 결여된 부분)가 있음을 이해하고 이 지점을 해결할 수 있는 솔루션을 제시할 수 있어야 합니다. 개발이나 마케팅 등 자신이 못하는 부분은 팀원을 잘 찾으면 됩니다. 가장 중요한 것은 창업자 자신이 페인 포인트에 대한 답을 갖고 있는 것입니다."

모든 것이 풍족해 보이는 요즘이지만 페인 포인트는 여전히 우리 사회 어딘가에 존재한다고 생각한다. 4차 산업혁명 시대가 되더라도 그런 페인 포인트는 새롭게 생길 것이고, 다른 사람들을 이해하고 공감하는 능력이 큰 사람에게는 그런 페인 포인트가 보일 것이다.

나는 아이들이 대학을 반드시 가고 취업을 누구나 해야 한다는, 대다수가 달려가는 오직 단 하나의 길만을 고집하지 않기를 바란다. 꼭 대학에 가야 하는 것인지, 꼭 한국에 있는 대학에 가야 하는 것인지, 꼭 고등학교를 졸업하고 바로 대학에 가야 하는 것인지, 꼭 취업을 해야 하는 것인지, 꼭 평생 일을 해야만 하는 것인지 깊이 고민해보기를 진정으로 바란다.

삶에는 여러 가지 길이 있고 그에 따른 가능성도 천차만별이다. 한 가지 길로 달려가는 것만이 정답이 될 리 없다. 책을 읽다 보면 다양한 다른 삶을 선택한 사람들을 만날 수 있다. 그리고 영어책을 통해 영어로부터 자유로워지면 더 다양한 삶의 기회를 가질 수 있고 더 다양한 세계의 사람들과 교제할 수 있다. 미래가 정확히 어떤 모습일지는 어떤 미래학자도 단정지어 말할 수 없을 것이다. 그러나 영어 독서를 한 아이가 주입식 학습을 한 아이보다는 훨씬 더 잘 준비되어 있을 것이고 적응력이 뛰어날 것이라는 데에는 일말의 의심도 없다. 이것만큼은 단정 지어 말할 자신이 있다.

2장

영어
독서
시작하기

4~7세 아이에게
가장 좋은 것

영어 교육에 대한 엄마들의 관심과 열정은 정말 놀랍다. '노부영' 시리즈(노래로 부르는 영어책. 유명한 그림책에 노래를 입혀서 재밌게 영어를 접할 수 있도록 만든 것)를 비싸게 세트로 구입해서 읽어주는 것은 물론이고 놀이하듯 자연스럽게 영어를 접하게 해준다는 영어 놀이학교나 유명한 사립 영어 유치원에 보내는 데에도 전혀 비용을 아끼지 않는다.

한편으로는 엄마표 영어로 아이를 키우고자 하는 젊은 엄마들이 점점 늘어나고 있다. 그래서일까? 내가 영어는 초등 때부터 해도 된다고 하면, 그럼 초등이 되기 전에는 무엇을 준비하는 게 좋냐고 묻는 엄마들이 많다. 영어를 잘하기 위해 초등 전에 준비하면 가장 좋은 두 가지를 여기 소개한다.

쉬운 DVD란 한 에피소드가 10분 정도이고 그림이 천천히 움직이며 영어로 말하는 속도가 느린 것을 말한다. 눈이 나빠질까 봐 우려하는 엄마들도 있는데, 그렇다면 한글 TV를 전혀 안 보여주고 그 대신 영어 만화를 보여주면 된다. 한글 TV를 보는 아이는 어차피 영어 만화를 안 보려고 하니 아예 한글 TV를 안 보여줘야만 아이들이 영어 만화를 본다. 그리고 놀 때는 예전에 보여줬던 영어 DVD를 배경음악처럼 틀어놓아 흘려듣기 할 수 있게 해주면 더욱 좋다. 아이에게 굳이 "틀어줄까?"라고 물어볼 필요가 없다. 물어보면 싫다고 할 수 있으므로 그냥 자연스럽게 슬쩍 틀어놓는 게 좋다.

요즘 엄마들은 아이들을 조용히 시키기 위해 식당 같은 곳에서 스마트폰을 보여주는 경우가 많은데, 그때마다 영어 만화를 보여주는 것도 좋다. 유튜브 프리미엄 서비스를 이용하면 와이파이가 없는 곳에서도 스마트폰으로 미리 다운받아놓았던 동영상을 보여줄 수 있다. 영어 DVD에 대해서는 4장에서 좀 더 자세히 다루겠다.

한글책을 많이 읽은 아이들은 글을 읽고 제대로 빨리 처리하는 방법이 뇌에 저장된다. 이렇게 숙련된 독서가의 뇌를 가지게 되면 다른 언어를 책으로 배울 때도 훨씬 빨리 배운다. 부모가 읽어줘도 좋고, 아이가 혼자 읽어도 좋다. 부모가 읽어주는 것의 장점은 아이가 책을 보는 시간이 부모의 사랑과 관심을 받는 행복한 순간으로 기억되기 때문이다.

우리나라의 〈책 읽어주는 라디오〉 프로그램을 탄생시킨 《하루 15분 책 읽어주기의 힘》(눈사람 옮김, 북라인, 2018)의 저자 짐 트렐리즈(Jim Trelease)

나 일본 크레용하우스 서점의 설립자 오치아이 게이코(落合惠子)도 어린 시절 부모님이 책을 읽어준 행복한 추억이 있다는 공통점이 있었다. 그 추억을 통해 두 사람은 책을 사랑하는 어른으로 자랄 수 있었다.

아이 혼자 책을 읽는 것도 장점이 많다. 책 한 페이지 한 페이지를 아이가 원하는 만큼 충분히 오랫동안 음미할 시간을 가질 수 있어 좋다. 그림을 관찰할 충분한 시간을 가지는 것은 매우 중요하다. 그림이 스토리를 이해할 수 있는 힌트를 제공하기 때문이다. 그림을 유심히 관찰하는 아이들은 모르는 단어나 표현을 유추하는 능력을 키우게 된다.

이런 능력을 키운 아이들은 나중에 그림이 없는 높은 단계의 책을 읽을 때 앞뒤 문맥을 힌트 삼아 모르는 단어나 표현을 잘 유추할 수 있게 된다. 그러나 인내심 없는 부모들은 책 읽어주는 것을 빨리 끝내고 싶어서 아이가 그림을 유심히 관찰하고 있으면 조바심을 낸다. 내가 그랬다. 게다가 취학 전 아이들은 같은 책을 수십 번 반복해서 가져오는 경우가 많으므로 부모들의 인내심은 더욱더 시험을 당한다.

엄마들은 영어 그림책을 읽어주는 것이 어떠냐는 질문을 많이 해온다. 만일 엄마가 그 영어 그림책을 온전히 같이 즐길 수 있을 경우라면 좋다. 그러나 영어 그림책을 통해 영어를 가르쳐야겠다는 의도가 드러나면 좋지 않다. 엄마들이 영어 그림책을 읽어주려는 목적은 대부분 영어를 더 일찍 시작해서 더 잘하게 하려는 것이기에, 영어를 가르쳐야겠다는 의도를 드러내지 않기란 매우 어렵다. 게다가 영어 그림책을 구하는 것은 한글 그림책을 구하는 것과는 다르게 돈과 수고가 들어간다.

그리고 한글 그림책보다 읽어주는 과정에서도 고민이 많이 생긴다. 한글 그림책은 엄마가 읽어주면 아이가 대부분 무슨 뜻인지 이해한다. 자기가 한글을 읽을 줄 모를 뿐이지 엄마가 읽어주는 소리를 들으면 무슨 뜻인지 짐작할 수 있다. 그러나 영어 그림책은 다르다. 엄마가 읽어줘도 무슨 뜻인지 모른다. 그러면 엄마의 고민이 시작된다. '단어를 알려줘야 하나?', '문장을 해석해줘야 하나?', '스토리가 대충 어떤지라도 알려줘야 할까?' 그래서 엄마가 아이와 함께 영어 그림책을 아무런 사심 없이 즐기기가 무척 어렵다.

취학 전 아이는 한글 단어를 익혀가고 있는 시기다. 딸이 네 살 때의 일이다. 내가 영어 그림책의 당근을 가리키면서 '캐럿'이라고 읽어줬더니 딸아이는 '당근'이라면서 화를 냈다. 그러면서 영어 그림책 보기를 거부했다. 아이는 기껏 주황색의 길쭉한 야채를 '당근'이라고 익혔을 것이다. 그런데 갑자기 엄마가 똑같은 것을 '캐럿'이라고 부른다. 우리 딸은 그나마 자기 의사표현을 분명히 하는 성격이니까 참지 않고 화라도 냈을 테지만, 잘 표현하지 못하는 아이들은 혼자 속으로 끙끙 앓으면서 언어 치료까지 받을 정도로 악화되기도 한다. 영어 유치원에서 영어만 쓸 것을 강요당한 아이들이 마음의 병이 생기는 이유다.

영어 그림책을 한글로 해석해주지 않고 그저 재밌게 잘 읽어주려고 하는 엄마들은 사실 엄청난 노력을 하는 것이다. 이런 엄마들의 경우, 노부영 시리즈의 워크시트를 아이에게 풀리거나 1단계 레벨의 영어책에 딸려 나오는 워크북을 시키기도 하는데, 이것은 시키는 엄마도 하는 아이도 굉장한 수고가 들어가는 일이다. 이 노력을 기꺼이 즐겁게 하는 슈퍼맘들을 나는 정말 존경한다. 여기서는 그냥 나처럼 살림과 육아, 일에 지친 보통 엄마를 기준으로 이야기를 건넬 뿐이다.

그런데 유치원생 때에는 특별히 언어 재능이 뛰어난 몇몇을 제외하고는 그 수고에 비해 영어 실력이 그렇게 비약적으로 늘지 않는다. 이 나이 때 몇 년간 힘들게 배운 단어도 초등학생이 몇 달만 공부하면 금세 익힐 수 있는 양밖에 되지 않는다. 아이가 어릴 때부터 이렇게 영어에 공을 들인 엄마는 아이보다 먼저 지치기도 한다. "우리 애는 다섯 살 때부터 영어를 배웠어요. 그런데 아직도 영어 실력이 이 정도밖에 안 돼요"라며 하소연하는 엄마들이 꽤 많다. '네가 영어를 해온 게 몇 년인데 이 정도밖에 안 되냐'는 비난의 눈빛을 아이에게 자꾸 보내는 것이다. 아이는 무슨 죄인가?

그러니 내가 딱 두 가지만 하라는 것이다. 영어 DVD는 보여주기가 쉽고 한글책도 구하거나 읽어주기가 쉽다. 영어 DVD를 많이 본 아이들은 귀가 트여서 온다. 1단계 영어책들은 페이지 넘김 사운드가 나오는데, 영어 소리에 귀가 트인 아이들은 페이지 넘김 사운드가 없어도 책을 잘 본다. 영어 소리를 처음 접하는 아이들이 페이지 넘김 사운드를 한 번 놓치면 지금 CD가 어디를 읽어주는지 몰라서 당황하는 것과는 다른 양상이다. 이 아이들은 영어 글을 직접 읽고 이해할 수는 없지만, 누군가가 읽어주면 이해할 수 있을 정도로 귀가 트여 있다. 한글을 직접 읽지는 못하지만, 부모가 읽어주면 이해하며 듣는 것과 같은 상태로 준비되는 것이다.

한글책을 많이 읽은 아이는 그림을 관찰해 스토리를 이해하는 훈련이 된다. 그러니 영어는 무슨 말인지 몰라도 그림을 보는 재미로 책을 보고 이해를 한다. 이 두 가지가 된 아이들은 초등학생 때 영어 독서를 처음 시작해도 영어 실력이 빨리 는다. 엄마도 아이도 영어 실력이 향상되는 것을 실감할 수 있는 속도로 늘기 때문에 더 믿음을 가지고 영어 독서에 매진할 수 있게 된다.

어떻게 영어책을
읽힐까?

"영어책을 읽으려면 파닉스는 떼고 와야 하지요?"

"ABC도 모르는 아이가 어떻게 영어책을 봐요? 무슨 뜻인지도 모르잖아요?"

영어책으로 영어를 배워본 적이 없는 엄마들뿐만 아니라 영어 선생님들까지도 이런 의문을 갖는다.

언어를 습득하는 능력은 모든 인간 안에 내재되어 있다. 다만, 언어도 다른 모든 재능처럼 더 많이 타고난 사람도 있고, 적게 타고난 사람이 있다. 그러나 언어 재능을 키워주는 방법은 의외로 간단하다. 재미있는 책을 더 많이 읽히면 된다. 책에 흠뻑 빠질 시간을 주면 된다.

《하루 15분 책 읽어주기의 힘》에서는 태어날 때부터 의사에게 지적장애아로 판명받아 정상적인 사회생활을 하지 못할 거라는 얘기를 들은 아이 이야기가 나온다. 그러나 그 부모는 실망하지 않고 이 아이에게 아기 때부터 책을 읽어주었는데, 그 아이는 훗날 놀랍게도 명문대학교에 입학했다. 지적장애아도 머리가 좋아지는 독서를 그냥 보통 아이가 꾸준히 하면 어떻게 될까?

ABC도 모르는 아이라면

영어를 하나도 모르는 아이라도 영어책으로 쉽게 영어를 배울 수 있다. 어찌 보면 파닉스를 배우고, 영어 단어를 외우고, 문제집을 풀고, 영작 숙제를 하는 것보다 오히려 쉽고 간단하다.

이런 아이들은 CD가 있는 가장 쉬운 영어책을 구해서 CD 플레이어에 넣고 책장을 넘기며 듣게 하면 된다. 엄마는 옆에 앉아 아이가 페이지 넘김 사운드에 맞춰서 책을 잘 넘기는지만 확인하고 도와주면 된다. 처음에는 똑같은 패턴의 문장이 반복되면서 한 단어 정도만 바뀌는 책이 좋다. 그림만 보면 무슨 뜻인지 알 수 있기 때문에 아이가 한글로 해석해달라고도 하지 않을 것이다. 무슨 뜻이냐고 물으면 그림을 보고 한번 생각해보라고 하면 된다. 보통 이런 책들은 "It is a train." 한 문장이 써 있고 기차 그림이 있다. 다음 페이지에는 "It is a car."라고 써 있고 자동차 그림이 있다. 이런 책들부터 시작하면 굳이 해석을 해줄 필요가 없다. 그림만 보면 누구나 알 수 있다. 미국의 동화작가 에릭 칼(Eric Carle)의 그림책처럼 쉬운 패턴의 문장이 반복되는 것도 시작하기에 좋다.

아이가 여러 번 듣는 것도 개의치 않으면 이런 쉬운 책은 여러 번 반복해서 듣게 하는 것이 좋다. 그림을 좋아하는 아이라면 CD를 틀기 전에 책의 그림을 먼저 음미할 시간을 주는 것도 좋다. 같은 책을 여러 번보는 것을 안 좋아하면 그냥 한 번씩만 듣게 하고 몇 달 후에 다시 그책을 보게 해도 된다. 몇 달이 지난 후에 전에 봤던 책을 다시 보면 그사이에 영어 실력이 늘어서 예전에는 몰랐던 것을 발견할 수도 있기 때문이다.

다른 영어 학원에서 영어를 배운 아이라면

학습 방식으로 이미 영어를 배워서 이런 한 줄짜리 1단계 책이 아니라 좀 더 어려운 레벨의 영어책을 읽을 수 있는 실력이 된다면 아이에게 책을 고를 기회를 주는 것도 좋다. 그 아이가 고른 책을 바탕으로 어느 정도 이해하는지 확인해보고 아이에게 맞는 레벨을 찾아주면 된다.

책의 전반적인 스토리를 이해하는지, 문장을 읽고 해석할 수 있는 수준은 어느 정도인지 확인한다. 자기가 고른 책을 잘 이해하면 그런 비슷한 레벨이나 한 단계 어렵지만 재미있는 영어책을 추천해주는 것도 좋다. 어떤 아이들은 자기 실력보다 어려운 책을 골라 읽기도 하는데, 그 책을 잘 이해하지 못하면 레벨을 낮춰 읽을 수 있도록 지도한다.

어쨌든 이제는 모르는 단어를 알려주거나 모르는 문장을 해석해주는 선생님이 없으니 자기 스스로의 힘으로 읽고 이해할 수 있는 정도의 레벨이 가장 적당하다. 보통은 자기 레벨보다 한 단계 낮은 것부터 시작하는 것이 좋다. 자기 레벨보다 어려운 책을 읽어서는 그 책의 재미를 제대로 발견할 수 없기 때문이다.

어른들의 조급함이 아이의 영어 사랑을 망친다

엄마표든 다른 학원이든 영어책을 읽다가 온 아이들의 대부분은 자기 레벨보다 한참 어려운 책을 읽고 있는 경우가 대부분이다. 어른의 도움이 없이는 혼자서 읽을 수 없는 책들을 읽고 있는 아이를 보면 매우 안타깝다. 아이들이 이렇게 된 것은 모두 조급한 마음을 가진 어른들 탓이다.

엄마표를 하는 엄마들은 대부분 **빠른 속도로** 영어 실력이 늘었다는 성공담을 듣고 시작했기에 기대치가 있다. 자신의 아이는 속도가 느릴 수도 있는데 자꾸 마음이 급해져서 어려운 책을 읽어보라고 권하게 된다. 영어 학원에서도 마찬가지다. '이런 어려운 책을 읽고 있어요'라고 보여주고 싶은 마음에 한줄 한줄 해석을 해주면서도 다들 두꺼운 영어책을 일찌감치 읽히는 것이다.

내가 만난 한 아이도 얇은 챕터북조차 제대로 이해하지 못하는 수준인데 다른 학원에서는 두꺼운 소설책으로 수업을 받고 있었다. 한 달 내내 그 소설책으로 진도를 나간다는데, 영화로도 만들어졌던 소설이라 그래도 내용이 이해가 된다고 했다. 영화로 보지 않았으면 무슨 말인지도 모를 책을 한 달씩이나 읽고 있다니, 뒷부분을 읽을 즈음에는 앞부분을 까먹을 것 같았다. 인문 사회 서적도 아니고 소설책이라면 적어도 일주일 안에는 읽어야 스토리도 연결되고 재미있을 텐데 말이다.

이렇게 자기 실력보다 훨씬 어려운 책을 공부처럼 붙들고 있는 아이들이 어떻게 영어책의 재미에 빠질 수 있을까? '영어책은 이렇게 난해하고, 영어는 어렵구나. 아, 영어가 싫다'라고 느끼지 않을까? 급하다고 바늘허리에 실을 매어 쓸 수 없듯이, 아이의 영어 실력이 늘기를 바라는 조급한 마음에 두껍고 어려운 영어책을 읽힌다 한들 오히려 역효과만 날 뿐이다.

ABC를 모르는 아이가 챕터북을 읽을 수 있을 때까지 평균 4년이 걸린다. 당연히 더 뛰어난 아이들은 2년에도 될 것이고, 더 느린 아이들은 5년, 6년이 걸릴 수도 있다. 성실하게 몇천 권을 읽었는데도 기본적인 단어조차 헷갈리는 아이들이 있는가 하면, 겨우 몇 달을 읽었는데 놀랄 정도로 빠르게 영어 실력이 자라는 아이들도 있다.

다행히도 보통의 아이들은 평균 4년 정도면 챕터북을 읽을 수 있게 된다. 4년 만에 챕터북을 읽게 하기 위해서도 상당한 노력과 끈기가 필요하다. 의지력만으로는 그 기간을 버틸 수 없기 때문에 영어책을 읽힐 때 습관과 재미를 잡는 것이 중요한 것이다. 그래도 4년 만에 챕터북을 읽을 수 있다면, 아니 초등 6년을 걸려서라도 챕터북을 읽을 수 있다면 중학교 영어는 아주 쉽고, 고등학교 영어도 그리 어렵지 않다. 중학교 때 청소년 소설로 넘어가 재미있는 영어책 읽기를 계속하기만 한다면 얼마든지 가능하다.

먹는 듯이 리딩하라

나는 키즈엔리딩 영어 독서 공부방을 4년간 하다가 2018년 초중등 대상의 키즈엔리딩 학원 브랜드를 오픈했다. EATS는 'English Acquisition Training System(영어 습득 훈련 시스템)'의 첫 글자를 딴 것으로 '먹는 듯이 리딩하라'는 철학을 담았다.

아이가 오늘 밥 한 그릇을 먹는다고 해서 키가 크는 것이 당장 눈에 보이지는 않는다. 하지만 매일 꾸준히 먹다 보면 어느새 아이는 훌쩍 자라 있다. 오늘 영어책 한 권을 읽는다고 해서 영어 실력이 당장 느는 게 보이지는 않는다. 마치 밑 빠진 독에 물 붓기 같은 느낌이 드는 게 당연하다.

그러나 키를 자라게 해야겠다는 부담감 없이 그냥 맛있게 매일 밥을 먹다 보면 어느새 키가 커져 있듯이, 영어 실력을 늘려야겠다는 부담감 없이 그저 재밌게 매일 영어책을 읽다 보면 어느새 높은 레벨의 영어책을 술술 읽고 있는 자신을 발견하게 된다. 이것이 키즈엔리딩이 목표로 하는 영어 공부의 핵심이다.

처음부터 아이에게 밥을 먹이지 않고 모유나 우유로 시작하여 이유식을 거치듯이, ABC도 모르는 아이라도 가장 쉬운 영어책부터 시작해서 천천히 그 아이의 속도에 맞게 난이도를 높여야 한다. 아이의 수준에 맞게 난이도를 높여주면 아이는 시간이 지나면서 자연스럽게 어려운 책도 줄줄 읽게 된다. 명심하자. 조바심은 금물이다.

다들 한다는 파닉스,
안 해도 될까?

"파닉스(phonics)를 안 해도 될까요?"

엄마들이 가장 많이 물어보는 질문 중 하나다. 보통 일반 영어 학원에 가면 파닉스로 영어를 시작하기 때문이다.

예전에는 대개 아이들이 영문법을 배우면서 영어를 싫어하게 되었는데, 요즘은 초등학교 저학년들도 벌써 영어를 싫어한다고 선언하고 있다. 바로 파닉스 때문이다.

출판사에 따라 다르지만 파닉스 교재는 세 권에서 여섯 권으로 구성되어 있다. 어떤 파닉스 교재든지 1권은 알파벳 스물여섯 개의 기본 음가를 배우니까 그나마 재미있게 수업하면 따라가기가 어렵지 않을 수도 있다. 하지만 뒤로 갈수록 점점 어려워진다. 특히, 장모음 단계에 들어가면 수학 공식 저리 가라 할 정도로 복잡해진다. 어려운 장모음은 영어책 읽기를 통해 그 장모음 규칙에 적용되는 영어 단어를 많이 알게 한 뒤에 알려주면 아이들이 더 쉽게 배울 수 있을 것이다.

일찍 시작하면 안 되는 아이들

소위 '수학 머리'를 가진 아이들이 파닉스를 더 잘 배우는 편인데, 여기에도 문제는 발생한다. 강약이 있고 연음이 있는 영어 발음의 특성을 무시한 채 지나치게 하나하나 발음을 제대로 하려고 하는 바람에 오히려 영어 발음이 딱딱해지는 부작용이 나타나는 것이다. 이런 아이들일수록 CD를 들어도 그 소리를 듣고 그대로 따라 하기보다는 자기가 배운 규칙대로 책을 읽으려는 경향이 강하다. 한번 잘못된 발음을 교정하는 것이 새로 발음을 가르쳐주는 것보다 훨씬 어려우므로 이런 아이들은 주의 깊게 살펴봐야 한다.

게다가 파닉스는 규칙에서 어긋나는 예외가 많은데, 이런 아이들은 그런 단어를 만날 때 매우 기분 나빠 한다. 한번은 2학년 남자아이가 책을 읽다가 무슨 큰일이라도 난 것처럼 나에게 달려온 적이 있다. 아이는 내게 CD가 잘못됐다며 매우 심각하게 말을 건넸다. 아이의 말을 들어보니, 'chef(요리사)'를 CD에서 '체프'로 읽지 않고, '셰프'로 읽었다는 것이다. 그래서 내가 '셰프'로 읽는 게 맞다고 했더니, ch는 'ㅊ' 소리가 나는 것 아니냐며 아이는 따지듯 물었다. 내가 파닉스 규칙에는 예외도 많다고 하자 아이는 기분이 영 안 좋은 표정으로 자리에 돌아갔다.

그 아이가 파닉스 규칙을 얼마나 힘들게 배웠을까? 그런데 그 힘들게 외운 규칙에 안 맞는 것이 많다니 얼마나 억울한 심정이었을까? 반면 언어 재능이 많은 아이들은 이 규칙을 배우는 것 자체를 너무 어려워해서 영어를 싫어하게 된다. 언어를 그냥 감각적으로 받아들이는 아이들은 파닉스와 철자 암기를 가장 힘들어한다.

이런 성향의 아이들에게 영어 입문 과정이라며 파닉스를 가르치고, 단어를 외워서 시험을 보게 하면 영어가 싫어질 수밖에 없다. 이런 아이들은 영어 단어도 고학년이 되어서나 외우게 하는 게 좋다. 영어 독서로 하면 가장 잘할 아이들을 일찍부터 영어에 질려버리게 만들 이유가 없기 때문이다.

파닉스보다 리딩 먼저

파닉스는 영어 리딩의 5대 요소, 즉 음소 인식(Phonemic Awareness), 디코딩(Decoding), 어휘(Vocabulary), 유창성(Fluency), 이해력(Comprehension) 중 하나인 디코딩에 속하는 하나의 요소일 뿐이다. 문자 코드(Code)를 소리로 해독해서 읽어내는 것이 바로 파닉스다. 그래서 디코딩을 목적으로 하는 영어책 시리즈는 그림보다 문자 해독에 집중하게 하기 위해 컬러가 아닌 흑백 그림이다. 영어가 모국어인 아이들도 문자 언어를 익히는 과정은 꽤 시간이 걸린다. 우리나라 아이들이 고학년이 되어도 한글 맞춤법이 계속 틀리는 것과 마찬가지다.

내가 숙명여대에서 테솔(TESOL, Teaching English to Speakers of Other Languages: 영어를 모국어로 하지 않는 사람에게 영어를 가르치는 교수법) 과정을 밟을 때 네빈 리디(Nevin Liddi) 교수는 파닉스에 대해서 이렇게 얘기했다.

"한국은 너무 파닉스, 파닉스, 한다. 미국 아이들도 물론 학교에서 파닉스를 배운다. 하지만 그 아이들은 철자는 몰라도 소리만 들으면 무슨 뜻인지 아는 어휘가 엄청 많은 상태에서 파닉스를 배운다. 그러니 규칙을 배우는 재미가 있다. 그러나 한국 아이들은 파닉스 규칙을 배우기 위해 접하는 단어들이 대부분 난생처음 본 것이다. 이런 상태에서 파닉스를 배우는 것은 무의미하고, 아이들에게 너무 어렵고 재미없게 느껴질 것이다. 영어 단어에는 파닉스 규칙에 어긋나는 것이 반 정도나 된다."

원어민이 읽어주는 CD를 들으면서 아이들은 소리와 문자를 스스로 조합하게 되는데, 이것이 바로 리딩의 첫 번째 요소인 '음소 인식'이다. 6개월에서 1년 정도만 영어책을 읽으면 자음과 단모음 정도는 스스로 터득하는 아이들이 대부분이다. 파닉스 규칙을 알려주는 영어 DVD 시리즈를 같이 보는 것도 좋다. 〈립 프로그(Leap Frog)〉나 〈알파블럭스(Alphablocks)〉를 추천한다.

파닉스를 배우는 시점은 아이마다 다르다

성향에 따라 파닉스를 초반에 하면 좋은 아이들도 있고, 영어 독서를 몇 년 한 후에 정리하듯이 해주면 좋은 아이들도 있다. 게다가 영어 독서만으로 장모음까지 스스로 터득해서 파닉스를 전혀 해줄 필요가 없는 아주 특별한 아이들도 있다.

우리 아들은 정말 파닉스 한번 배우지 않고, 파닉스의 이중모음까지도 스스로 터득했다. "엄마, daum(포털 사이트 다음)은 '다음'이라고 읽으면 안 되고 '더엄' 이렇게 읽어야 해"라고 말해서 나를 깜짝 놀라게 했다.

한 번도 파닉스를 배운 적이 없는데 이중모음 'au'가 어떤 소리를 주로 내는지 스스로 터득한 것이다. 그래서 아들은 단어도 아주 쉽게 암기한다. 한글도 네 살 때 스스로 터득했다.

우리 아들처럼 소리와 문자를 조합하는 능력이 뛰어난 아이들이 있다. 딸은 파닉스도 단어 외우기도 너무 힘들어했다. 2학년 때 단어를 외우게 하려다가 아이와 감정만 상했다. 딸은 발음이 좋고 스피킹이 빨리 됐다. 전체 스토리를 이해하는 것도 뛰어났다. 그래서 그냥 파닉스도 단어도 안 외우게 하고 내버려뒀더니 5학년쯤부터는 학교에서 보는 단어 시험에서 100점을 받기 시작했다.

우리 딸처럼 단어를 외우는 머리가 늦게 발달하는 아이들이 있다. 이런 아이들을 어릴 때부터 붙들어 앉혀놓고 그 아이가 잘 못하는 영역을 억지로 가르칠 필요가 없다. 아이들마다 성향이 다르다. 받아들이는 속도도, 받아들이는 방식도 조금씩 차이가 나기 마련이다. 이렇게 성향이 제각각인 아이들에게 영어 교육의 시작을 무조건 파닉스로 하는 것은 어리석은 일이다.

어떤 아이는 1학년 때 곧바로 파닉스로 들어가도 좋고, 어떤 아이는 몇 년간 영어 독서를 한 후에 일대일 코칭 시간에 파닉스를 조금씩 알려주거나 따로 특강 수업을 마련해 접하게 하는 게 효과적이다. 파닉스를 잘 알면 스펠링을 외우거나 라이팅을 할 때 매우 유용하다.

아이들은 대개 장모음을 잘 모르는데, 이를 잘하는 아이들에게 물어보면 어릴 때 파닉스를 다 배운 아이들이다. 그때 장모음까지 배우느라 얼마나 고생을 했을까? 하지만 막상 고학년이 되어서 그 규칙이 필요할 때쯤에는 다 잊어버리고 마는 것이다.

"파닉스를 안 해도 책을 읽을 수 있나요?"

이 질문에 나는 이렇게 대답한다.

"네. 파닉스를 안 해도 책을 읽는 데 아무런 문제가 없습니다. 파닉스는 아이의 성향을 관찰한 후에 적절한 시점에 해주는 것이 좋습니다. 대부분의 아이들은 영어책을 CD로 들으면서 자음과 단모음 정도는 스스로 터득하기 때문입니다. 물론 그게 잘 안 되는 아이들도 있는데, 그 아이들은 나중에 적절한 때에 파닉스를 하는 게 좋습니다. 처음부터 파닉스로 시작하면 영어를 싫어하게 될 아이들이니까요. 그리고 아주 규칙을 잘 터득하는 아이는 아예 파닉스를 할 필요가 없기도 합니다."

어떤 영어책을
고를까?

아이와 막상 영어 독서를 시작하려고 하면 어떤 영어책을 읽어야 할지 몰라 막막할 때가 있다. 그림책(picture book), 파닉스 스토리북(phonics storybook), 리더스북(reader's book), 챕터북(chapter book), 이북(e-book)까지 영어책도 왠지 종류가 많은 것 같기 때문이다.

영어권 작가들이 쓴 영어 그림책은 아이들은 물론이고 어른들의 감성과 상상력도 자극한다.

파닉스 스토리북은 파닉스 규칙을 알려주기 위해서 스토리를 일부러 만든 책이다. 리더스북은 영어 독서에 가장 널리 쓰이는데, 그 이유는 영어를 배우는 학습자를 위해 난이도를 조절하여 레벨별로 책을 만들었기 때문이다. 챕터북은 영어권 초등 아이들이 읽는 책으로 글밥이 많아서 챕터 1, 2 하는 식으로 나뉘어 있어 '챕터북'이라 부른다.

그림책은 굳이 원서가 아니어도 된다

주로 단행본으로 출간되는 그림책은 작가별로 독특한 작품세계를 보이고 있어 읽는 재미가 좋다. 풍부한 상상력과 아름다운 그림, 기발한 스토리와 멋진 등장인물을 고루 갖춘 작품성 높은 책들이 많아 아이들은 물론이고 어른들의 감성을 자극하기에도 충분하다.

그러나 원어민 아이들을 대상으로 써진 책이라 난이도를 신중하게 고려하지 않은 책들이 대부분이다. 쉬운 단어와 문장, 어려운 단어와 문장이 뒤섞여 있는 탓에 원어민 아이들이 읽기에는 전혀 부담 없고 자연스러운 내용들이 영어를 처음 접하는 우리나라 아이들에게는 어렵게 다가올 수밖에 없다. 이럴 때면 자꾸 한글로 해석을 해줘야 하나 하는 고민에 빠지게 된다.

그림책은 단행본이라 CD와 함께 있는 것을 구입하려면 비싸고 엄마의 노력도 더 많이 들어가야 한다. 그래도 기꺼이 아이와 즐길 마음이 되어 있다면 매우 좋다. '노부영' 시리즈는 이런 그림책에 노래와 챈트(chant)를 넣어 유치원생 아이들이 그림책을 더 친근하게 접할 수 있도록 돕는다. 아이가 노래나 챈트를 좋아한다면 이런 영어 그림책을 활용하는 것도 좋다.

그러나 모든 엄마들이 이런 수고를 하고 싶어 하지는 않는다. 특별한 수고를 하고 싶지 않은 엄마들이라면, 상상력과 감성을 자극하는 그림책은 그냥 한글책으로 읽어주고 아이의 영어 공부를 위해서는 리더스북을 활용하는 게 낫다.

레벨을 고려한다면 리더스북

리더스북은 영어를 처음 배우는 학생들을 위해 어휘나 문장 수준을 고려해서 만든 이야기책이다. 레벨별로 되어 있어서 아이 수준에 맞게 영어를 차근차근 익혀나가기에 좋다. 패턴이 반복되는 리더스 시리즈부터 여러 작가의 작품을 하나의 리더스 시리즈에 넣어둔 것들도 많다.

영어 읽기 능력을 향상시키기 위해 재미있는 스토리로 배울 수 있도록 구성된 시리즈를 말하며 《Hello Readers(헬로 리더스)》, 《An I Can Read(아이캔리드)》, 《Oxford Reading Tree》처럼 주로 시리즈명에 리더스(Readers)나 《리딩(Reading)》이 들어간다. 이런 리더스북을 활용하면 영어책의 난이도를 쉬운 것부터 차츰 올려갈 수 있기 때문에 매우 좋다. 리더스북도 원어민 아이들이 읽는 책이므로 학습용 교재와는 달리 살아 있는 영어 표현을 그대로 배울 수 있다.

신중히 골라야 하는 파닉스 스토리북

파닉스 스토리북은 파닉스를 가르칠 목적으로 만들어진 영어책 시리즈다. 파닉스를 가르치는 게 목적이다 보니 일부러 가르치고자 하는 특정 단어들을 사용해서 스토리를 억지로 만든다. 그래서 다른 영어책에서는 자주 쓰이지 않는 단어들도 등장한다.

파닉스 규칙을 가르치려고 애쓰는 파닉스 스토리북일수록 더 재미가 없다. 파닉스를 익히는 데 도움이 되기는 하지만 스토리에 빠지기는 힘든 책이므로, 파닉스 스토리북을 선택할 때는 좀 더 세심하고 면밀히 살펴서 교재를 구입하는 게 좋다.

글밥이 많아서 챕터북

한글책은 단행본이 주를 이루지만, 영어책은 캐릭터별로 몇 권짜리에서부터 몇십 권짜리에 이르는 시리즈가 대부분을 차지한다. 책 레벨, 주제별로 다양한 시리즈들이 나와 있다. 전면 컬러에 다양한 그림과 스토리가 어우러진 재미있는 영어책 시리즈가 많다.

아이 레벨이 계속 올라가면 종이도 갱지로 바뀌면서 그림이 점점 사라지고 글씨만 많은 '챕터북'을 읽게 된다. 책이 길어져서 1장, 2장 이렇게 챕터로 나눠지다 보니 '챕터북'이라고 부른다. 갱지로 된 챕터북을 읽는 단계가 되면 아이가 어느 정도 영어를 잘하게 된 것이라도 봐도 좋다. 그림이 없는데도 스토리 자체에 재미를 느끼는 것이기 때문이다.

일반 스토리북과 챕터북의 중간 단계로 '얼리 챕터북(early chapter book)'도 있다. 그림을 모두 컬러로 넣은 챕터북이다. 《Horrid Henry(호리드 헨리)》 시리즈는 여러 개의 이야기가 들어 있는 기존의 갱지 챕터북에 컬러 그림을 넣어서 얼리 챕터북으로 만든 것인데, 반응이 좋아서 계속 출간되고 있다. 단어나 문장의 난이도는 같지만 흰 종이에 올 컬러로 그림이 들어가 있어 쉬워 보이게 하는 효과가 있다. 그 덕에 아이들이 더 일찍 이 시리즈를 접하게 되었다.

리딩하지 않고 스캔하게 만드는 이북

아이에게 '어떤 영어책을 읽혀야 할까?'라는 생각이 들면 한 번쯤은 이북을 고려해본다. 이북은 더 편리하고 더 저렴해서 젊은 층을 중심으로 종이책보다 선호되기도 한다. 그러나 아이들의 영어 실력을 기르기 위해서는 그리 바람직한 선택은 아니다. 다음 두 가지 이유 때문이다.

첫째, 책의 재미보다는 게임에 빠진다. 아이들용 이북에서는 북퀴즈를 게임처럼 활용한다. 대부분의 아이들은 책 자체의 재미에 온전히 빠지기보다는 게임에 더 재미를 느낀다. 이북은 컴퓨터나 아이패드를 통해 봐야 하기 때문에 책이 아니라 그 도구 자체에 빠지는 경우가 많다. 이북을 보다가 컴퓨터로 다른 것을 하고 싶은 유혹이 드는 것이다.

어른들도 일을 하려고 컴퓨터를 켰다가 포털 사이트의 뉴스 기사나 쇼핑 광고에 빠져서 쓸데없는 시간을 낭비하기도 하는데, 절제력이 약한 아이들이야 더 말할 필요가 있을까? 이북을 활용해본 엄마들의 가장 큰 불만도 "자꾸 게임에 빠져요"라는 것이었다.

둘째, 아이들이 책을 대충 읽는 안 좋은 습관을 들이게 된다. 웹 사용성 전문가인 제이콥 닐슨(Jakob Nielsen)은 232명의 피실험자에게 1,000개의 웹 페이지를 읽게 했다. 그리고 웹 페이지를 읽는 눈동자의 움직임을 추적했다. 그 결과 사람들의 읽기 패턴은 그가 누구든 무엇을 읽든 거의 일치했다.

왼쪽에서 오른쪽으로 계속 읽어 나가는 종이책과 달리, 웹 페이지를 읽을 때에는 제일 윗줄을 읽은 후 조금 내려가 윗줄보다 더 짧은 영역을 읽었다. 그리고 곧장 시선을 왼쪽 제일 아랫줄까지 내렸다. F자 모양으로 시선이 이동하는 것이다. 때로는 중간 부분을 조금 더 읽는 E자 형태, 뒤집어진 L자 형태도 있었지만 공통점은 꼼꼼히 읽지 않는다는 것이다.

중요한 페이지를 빠르게 읽고 다음 페이지로 넘어가는 습관은 집중하며 깊게 읽는 것을 어렵게 한다. 컴퓨터 화면으로 책을 읽는 것은 피곤한 일이기 때문에 자연스럽게 대충 훑어보는 습관이 생기게 된다. 이것은 리딩(reading)이 아니라 스캔(scan)이기 때문에 좋은 독서라고 할 수가 없다.

한번 이런 습관이 든 아이들은 종이책을 볼 때도 대충 빨리 읽게 된다. 모든 언어는 그림을 관찰하고 앞 뒤 문맥을 통해 모르는 단어도 유추해가며 천천히 읽어야 실력이 는다. 외국어인 영어는 더욱 그렇다. 따라서 이북을 선택할 때는 아이의 나이, 이북을 활용하는 방법과 시기 등을 적절히 고려해야 한다.

영어책 사는 방법

나는 주로 네이버 도치맘(고슴도치맘) 카페의 영어책 '공구(공동 구매)'나 웬디북(wendybook)을 가장 애용한다. 모든 영어책 시리즈를 도치맘에서 살 수 있는 것은 아니지만 공구로 파는 것은 가격이 저렴하다. 도치맘에서는 풀세트가 아니라 시리즈의 일부만 공구하는 경우도 있는데, 그때에는 저렴하지 않을 수도 있으니 잘 알아보고 사야 한다. 예를 들면, 'Winnie the Witch(마녀 위니)' 시리즈는 인기가 많아서 최근까지 나온 풀세트를 구입하는 게 좋다. 몇 권만 샀다가는 나머지를 따로 사기가 쉽지 않고 더 비싸기 때문이다.

웬디북은 공구를 제외하고는 언제나 비교적 가장 저렴한 가격에 영어책을 살 수 있고, 종류가 많다. 다만 재고가 많지 않아서 금세 일시 품절이 되기 때문에, 입고 알림 설정을 해놓고 기다려야 할 때도 있다. 영어책을 전문으로 파는 곳으로는 이 외에도 세종북스, 애플리스 외국어사, 쑥쑥몰 등이 있다.

절판된 시리즈나 엄마표로 유명한 시리즈는 네이버 카페 중고나라에서도 저렴하게 구할 수 있다. 다만 사기가 많기 때문에 주의해서 구입해야 한다. 그래서 '당근'이라는 앱을 깔고 지역 직거래를 하는 사람도 있다. 엄마표 영어를 많이 하는 지역은 '영어책'이라는 검색어만으로도 많은 거래 물건들이 올라오지만, 그렇지 않은 지역은 직거래 물량이 별로 없다.

《옥스퍼드 리딩 트리》, 《프로젝트 엑스 에일리언(Project X Alien)》 시리즈처럼 인북스(Inbook)에서 독점으로 수입하는 책들은 홈쇼핑에서 구입하는 것이 가장 저렴하다.

모르는 영어 단어는
어떻게 해야 할까?

"모르는 단어가 있으면 어떻게 하나요?"

"모르는 단어를 찾아서 외우게 해야 할까요?"

영어책을 그냥 읽으라고 대여해주면 엄마들이 가장 자주 하는 질문이다. 모르는 단어에 대한 공포는 아주 뿌리 깊다. 모르는 단어가 있으면 영어책도 이해할 수 없으며, 영어 시험도 잘 볼 수 없을 것만 같다. 학교든 학원이든 모르는 영어 단어를 찾아서 정리하고 외우고 시험 보지 않는 곳이 없다.

일반 영어 학원을 1년이라도 다니다 온 아이들은 모르는 단어가 있으면 바로 생각을 닫아버린다. 내가 "지금 방금 읽은 문장이 무슨 뜻일 것 같아?"라고 물어보면, 바로 "몰라요. 모르는 단어가 있어요"라고 포기해버린다. 겨우 한 페이지에 한 줄의 영어 문장이 있는데 말이다. 그러면 나는 그림을 관찰해서 단어나 문장을 유추하는 법을 알려준다. 그림에 거의 모든 힌트가 나와 있기 때문이다.

"여기 이 아이를 봐봐. 아까 차를 한참 타고 있었잖아. 그런데 지금 차에서 막 내려서 어디로 뛰어가고 있지?"

"몰라요."

"이 장소를 봐봐. 사람들이 뭘 하고 있지? (컵 여러 개가 놓인 쟁반을 들고 있는 사람을 가리키며) 이 사람은 뭘 들고 있지? 그럼 여기가 어딜까?"

"아~ 식당요."

"그럼 이 아이는 뭐라고 하면서 식당으로 뛰어가고 있는 것 같아?"

"음…… 배고프다고요?"

"그래. 맞아. 'I am hungry'가 바로 그런 뜻이야."

물고기 잡는 법을 알려주자

나는 모르는 것을 바로 알려주지 않고 아이 스스로 생각해볼 수 있도록 질문을 던진다. 이런 훈련을 계속하면, 아이는 굳이 사전을 찾아보지 않고도 모르는 단어를 유추해가며 영어책을 읽을 수 있다는 것을 깨닫게 된다. 아이에게 바로 단어 뜻을 알려주고 문장을 해석해주는 것이 훨씬 시간이 적게 걸리는 방법이긴 하지만, 이것은 물고기 잡는 법은 안 가르쳐주고 물고기만 잡아다주는 것과 같다. 아이가 스스로 물고기를 잡아야 할 때가 오면 그 아이는 무엇을 해야 할지 몰라 당황할 것이다.

몇 년간 모르는 단어를 모두 찾아 공부하고 시험 보는 학원을 다니던 고학년 아이가 있었다. 우리 학원에서는 굳이 단어를 찾아보지 않아도 되니 그냥 책을 읽으라고 했는데도 집에 빌려간 책에 모르는 단어가 나오면 찾아서 정리했다는 얘기를 나중에 들었다. 이 아이가 몇 달쯤 이렇게 영어책을 읽다가 모르는 단어가 저절로 유추되는 경험을 했다. 어떤 영어책을 반복해서 몇 번 듣다 보니 단어 뜻이 점점 분명해지더라는 것이었다.

나와 일대일 코칭하는 시간에 아이가 물었다.

"선생님, 이 단어는 긴장되고 불안하고…… 뭐 이런 뜻 아니에요? 저 사전 안 찾아봤는데 이 단어 뜻을 알 것 같아요."

아이는 뭔가 신기한 것을 발견한 듯 상기된 표정이었다.

"정말 사전 안 찾아본 거야? 정확하게 맞아!"

나는 곧바로 아이를 엄청 칭찬해주었다. 그 단어는 'nervous'였다. 이 아이는 이 단어의 의미를 스토리 속에서 스스로 유추했기 때문에 잊지 못할 것이다.

이렇게 모르는 단어의 뜻을 스토리 속에서 깨닫게 되는 경험을 한 뒤로 아이는 단어 정리를 그만두었다. 그리고 모르는 단어에 대한 부담감을 내려놓고, 영어책의 재미에 푹 빠졌다. 그에 따라 영어 실력은 자연스럽게 늘었다.

사전 없이 한글책을 읽듯 영어책도 그렇게 읽어야

모르는 단어는 영원히 나온다. 영어 선생님인 나도 모르는 단어를 만난다. 그러니 모르는 단어를 매번 알려주는 것보다는 그것을 처리하는 방법을 알려주는 것이 중요하다.

고등학교 때 영어 시험을 보던 때가 생각난다. 지문을 읽다가 모르는 단어가 나오면 심장이 철렁했다. '모르는 단어가 있네. 이 문장을 해석할 수 있을까?'라는 두려움이 밀려오기 시작한다. 지문을 더 읽어 내려간다. 또 모르는 단어가 나온다. 이제 심장은 더 빠르게 뛰면서 불안해진다. '난 이 문제를 풀 수 없을 거야'라는 절망감이 엄습해온다.

그러나 한 줄짜리 1단계 영어책에서부터 모르는 단어를 스스로 유추해가며 읽어가는 훈련을 해온 아이라면 모의고사나 수능에서 모르는 단어가 나왔다고 과거의 나처럼 두려움에 휩싸이는 일은 없을 것이다.

그림책에서는 그림을 보고 모르는 단어를 유추하는 연습을 한다. 그림 하나에 영어 문장이 하나라서 유추하기가 매우 쉽다. 그림에 관심을 가지고 꼼꼼히 관찰하는 아이가 영어 실력이 잘 는다. 이렇게 유추 훈련이 된 아이들은 점점 레벨이 올라가서 그림이 거의 없어지는 챕터북이 되었을 때는, 앞뒤 문맥을 보고 모르는 단어를 유추해가며 책을 읽을 수 있게 된다. 모르는 단어를 추리하면서 한글책처럼 줄줄 책을 읽어야 재미를 놓치지 않을 수 있다. 아이들이 읽는 한글책에는 모르는 단어가 하나도 없을까? 당연히 있다. 하지만 아무도 국어사전을 찾아가며 한글책을 읽지는 않는다. 그렇게 읽으면 재미없기 때문이다.

정말 궁금한 단어만 찾아보자

그러면 모르는 단어는 절대로 찾아보면 안 되는 것일까? 그렇지는 않다. 영어책을 읽다 보면 모르는 단어이지만 스토리 전개에 그다지 큰 상관이 없는 것이 있고, 자주 등장하거나 아주 중요한 핵심 단어가 있다. 그래서 그 책을 읽으면서 그 단어가 점점 궁금해지는 것이 있다. 그런 경우에는 무슨 뜻인지 한번 유추해본 뒤에 사전의 정확한 뜻을 찾아보는 것이 좋다.

아이들은 스스로 궁금하지 않은 단어는 아무리 알려줘도 한 귀로 듣고 한 귀로 흘려버린다. 그러니 시간 낭비다. 궁금한 단어도 바로 대답해주지 말고, 한번 유추해본 후에 함께 찾아보는 게 좋다. "너는 어떻게 생각해?"라는 질문을 달고 살아야 아이들은 '생각'이란 것을 한다.

아이가 유추를 잘했으면 많이 칭찬해준다. 유추를 어려워하면 힌트를 약간 줘도 좋다. 모르는 단어를 처리하는 훈련을 하는 게 중요하다. 시험 범위가 있고 레벨이 낮은 경우에는 모르는 모든 단어를 찾아서 외우는 것이 가능할지도 모른다. 하지만 고등학생이 되어서 모의고사나 수능에서 만나는 지문들은 지문 자체도 처음 보는 데다가 모르는 단어들도 있을 수 있다.

모르는 단어에 당황하지 않고 글의 흐름을 파악할 수 있는 훈련을 어렸을 때부터 해야 한다. 그러면 생각머리도 키울 수 있고 영어책의 재미에도 더 푹 빠질 수 있다.

영어 독서도
습관이 중요하다

영어책을 처음 접할 때 곧바로 그 재미에 푹 빠져드는 아이는 많지 않다. 아이들은 그림과 이야기를 좋아하기 때문에 영어를 못 알아들어도 영어책을 충분히 좋아할 수 있긴 하지만, 요즘은 미디어의 영향으로 책을 가까이하는 초등학생들이 점점 줄어들고 있기 때문이다. 한글책을 좋아하는 아이들은 책 자체를 좋아하기 때문에 무슨 말인지 못 알아들어도 영어책의 그림을 보는 재미로 비교적 쉽게 영어책의 세계에 빠져들 수 있다. 그러나 대부분의 초등 아이들은 처음부터 그렇게 되지는 않는다.

영어책을 읽는 행동을 칭찬하자

이런 이유에서 처음에는 영어책을 읽는 행동 자체에 보상을 해주어야 한다. 아직 이때는 아이들이 영어책의 재미를 잘 모르기 때문이다. 우주선을 쏘아 올릴 때 가장 많은 에너지를 쓰는 단계가 대기권을 빠져나가기 전이다. 일단 우주선이 우주로 나가면 그전처럼 많은 에너지는 필요 없다.

아이들의 영어책 읽기도 마찬가지다. 일단 영어책 읽기의 재미에 빠져들면 그다음부터는 그리 어렵지 않다. 하지만 이제 막 영어를 시작했거나, 영어책을 스스로 이해하며 읽어야 하는 것이 낯선 아이들에게는 책을 펴들고 앉아서 CD를 듣는 그 행동 자체에 보상을 해주어야 한다.

키즈엔리딩에서는 영어책을 대여한다. 학원에 주 2회를 오든 3회를 오든 한 시간 정도의 인풋(input)으로는 절대로 원어민 수준에 이를 수 없기에 대여한 책으로 집에서도 영어책을 읽게 하기 위함이다. 이 세상에 공짜는 없다. 원어민 수준의 영어 실력을 원한다면 그만큼의 시간 투자가 있어야 한다. 학원에서는 선생님이 동기부여를 해주고, 적절한 레벨의 책을 잘 읽고 이해하는지를 확인한다.

아이들이 학원에 다닌 지 한 달 정도가 되면, 나는 학부모와 첫 상담을 한다. 그때 가장 중요하게 생각하는 것이 집에서 영어책 읽기 습관이 잡혀가고 있는가다. 영어책을 집에서 재미있게 읽는지 그냥 숙제처럼 무덤덤하게 읽는지 꼭 물어본다.

또 영어책을 자발적으로 꺼내어 읽는지 엄마가 하라고 해야 읽는지도 확인한다. 영어책을 CD로 들으면서 읽는지, 하루 중 언제 읽는지 등 여러 가지 항목을 체크하는 일도 이때 한다.

영어책 읽기를 아주 힘들어하는 아이라면 하루 5분도 좋고 10분도 좋다. 일주일에 한 번 한 시간을 몰아서 영어책을 보는 것보다 매일 10분씩 보는 게 더 중요하다.

영어는 언어이기 때문에 매일 조금씩 노출해주는 것이 더 효과적이다. 작아 보이더라도 좋은 습관을 들이는 것이 그 아이의 인생에 평생 영향을 미친다.

습관이 가져온 기적

《포춘》지가 선정한 기업들이 앞 다투어 초빙하는 연사 제임스 클리어(James Clear)의 책 《아주 작은 습관의 힘(Atomic Habits)》(이한이 옮김, 비즈니스북, 2019)에는 내게 아주 깊은 인상을 남긴 한 문장이 나온다.

습관은 자존감이다.

이 경구와도 같은 문장처럼, 클리어는 이 책에서 작지만 좋은 습관이 쌓이면 어떤 인생이 되는지 잘 보여주고 있다.

어릴 때부터 촉망받는 야구선수였던 그는 고등학생 때 연습하던 중 동료 선수의 실수로 야구 방망이에 얼굴을 강타당하는 끔찍한 사고를 당했다. 이 사고로 얼굴뼈가 30조각이 났고 왼쪽 눈이 튀어나와 실명 위기까지 왔다. 심한 부상으로 걸을 수조차 없었기에, 아무도 그가 재기할 거라고 생각하지 못했다.

그러나 그는 좌절 대신 일상에서 당장 할 수 있는 아주 작은 일을 찾아 그것을 성공시키고 습관화하기로 결심했다. 그후 그는 6개월 만에 운동을 할 수 있게 되었고, 6년 뒤에는 대학 최고의 남자 선수가 되어 ESPN 전미 대학 대표 선수에 선출되었다.

그가 한 작은 습관은 '일찍 자고 일찍 일어나기', '방을 깨끗하게 치우기' 같은 사소한 것이었지만, 스스로 인생을 관리하고 있다는 느낌은 그의 자존감을 점점 높여주었고 수업 태도에까지 영향을 미쳤다고 한다. 다음으로 영어 독서 습관을 만드는 네 가지 비결을 소개한다.

'나는 영어책 읽는 사람이야'라는 정체성을 만들어라

《아주 작은 습관의 힘》의 부제는 '최고의 변화는 어떻게 만들어지는가'다. 최고의 변화는 하루아침에 만들어지지 않는다. 매일매일의 작은 습관이 모여 한 사람의 정체성이 형성되는 것이다. 매일 5분이라도 영어책을 보는 아이에게는 '나는 영어책을 읽는 사람이야'라는 자부심이 형성된다.

좋은 습관은 자존감을 높여준다. 나와의 약속에서 매일 승리하는 사람은 자기 자신에 대한 신뢰가 쌓인다. 이것은 정말 무엇과도 바꿀 수 없는 아이의 자산이 된다. 자기 자신에 대한 신뢰가 있는 사람은 어떤 어려움도 헤쳐 나갈 수 있기 때문이다.

나는 아이의 독서 기록장 맨 앞에 "나는 영어 원서를 재미있게 읽는 _____키리입니다. So, I am very proud of myself"라고 적힌 예쁜 스티커를 붙여준다. 아이는 빈칸에 자기 이름을 적고 날짜와 사인도 한다. 그때 나는 이런 질문을 한다.

"너희 반에 자기 혼자 힘으로 영어책을 이렇게 읽는 사람이 몇 명이나 될까?"

그럼 대부분 별로 없는 것 같다고 대답한다.

"그러니까 네가 정말 대단한 거야. 네 스스로를 자랑스럽게 생각해야 해. 선생님이 이 책에 나온 단어 하나도 안 가르쳐주는데 네가 그림을 보면서 혼자 생각하며 읽는 거잖아"라고 격려해주면 아이는 '나는 영어책 읽는 대단한 아이'라는 정체성을 형성해가기 시작한다.

독서 기록장 한 권이 끝날 때에는 좀 더 커다란 스티커를 맨 뒤에 붙여주고, 부모님께 칭찬 한마디를 적어오라고 한다. 독서 기록장에 읽은 책 제목을 기록하기 때문에 한 권을 다 썼다면 수백 권의 영어책을 읽은 것이기 때문이다.

클리어는 이와 관련해 이렇게 말한다.

> 자신의 어떤 모습에 자부심을 가질수록 그와 관련된 습관들을 유지하고 싶어진다.
>
> – 제임스 클리어, 《아주 작은 습관의 힘》, 55쪽

영어책을 읽는 시간과 장소를 정하라

아이가 빌려온 영어책을 언제, 어디서 읽을까 하는 고민을 하지 않게 해야 한다. 이제 영어책을 읽는 새로운 습관을 들이려고 한다. 그런데

매일 읽는 시간과 장소가 바뀐다면 습관이 되기 힘들다. 의지력을 발휘해야만 영어책을 읽을 수 있다면 매일이 전쟁이 된다. 영어책 읽기 습관을 들이는 것은 아이와 엄마 모두에게 평안을 준다. 영어책을 읽는 것이 아주 자연스러운 일상이 되고, 오히려 안 읽으면 허전한 마음이 들 정도가 되어야 한다.

나는 엄마에게 아이가 가장 책 읽기 좋은 '프라임 타임'이 언제냐고 묻는다. 일찍 잘 일어나는 아이는 학교 가기 전일 수도 있고, 어떤 아이는 저녁 먹기 전이나 후일 수도 있다. 자기 전에 졸리고 피곤할 때는 안 좋다. 또는 영어책 읽기를 끝내면 게임을 시켜주겠다고 하는 것도 좋지 않다. 아이는 빨리 게임을 하기 위해 영어책을 대충 읽을 것이기 때문이다.

생각을 하지 않고 해치우듯이 영어책을 읽는 아이는 아무리 영어책을 읽어도 실력으로 쌓이지 않는다. 언제를 프라임 타임으로 정하든 매일 같은 시간, 같은 장소에서 영어책을 읽어야 한다.

> 습관에 시간과 장소를 부여하라. 이를 충분히 반복하면 '왜'라는 의문을 품지 않고 적시에 적정한 일을 하게 될 것이다.
> – 제임스 클리어, 《아주 작은 습관의 힘》, 103쪽

첫 시작은 쉬워야 한다

자리에 앉아 첫 번째 영어책을 펼치는 것이 가장 힘들다. 일단 시작하면 관성의 법칙에 따라 계속 다음 책을 읽을 수 있다. 엄마가 "영어

숙제를 해야지"라고 하기보다는, "CD 플레이어에 영어책 CD를 넣어야지"라고 가볍게 말하는 것이 좋다. 매일 책 읽는 장소로 갈 때 좋아하는 간식을 들고 간다든지 하는 즐거운 시작이 있으면 좋다.

나는 매일 아침 성경책을 읽을 때 뜨거운 차 한 잔을 준비한다. 뜨거운 차 한 잔이 바로 성경책을 읽는 첫 행동 신호가 된다. 차 한 잔을 준비하면 성경책을 펼치는 것이 자동적으로 된다. 나에게는 뜨거운 차 한 잔이 그다음 행동을 일으키는 '방아쇠(trigger)'가 되는 것이다.

아이가 영어책을 읽기 시작할 때도 뭔가 즐거운 시작 버튼이 있으면 좋다. 일단 그 버튼이 눌러졌으면 그다음 행동이 자연스럽게 따라올 수 있을 때까지 보통 두 달 정도 반복하면 습관이 형성된다.

아이가 가뿐하게 끝내게 하라

영어책 읽기를 끝냈을 때 가뿐해야 한다. 뭔가 너무 힘들었다는 마음이 들면 다음 날 다시 이 행동을 시작하기가 두려워진다. 그러니 처음 영어책 읽기를 시작할 때는 아이가 얼마나 집중해서 할 수 있느냐에 따라 시간을 정해야 한다. 아이가 어리고 힘들어한다면 5분도 좋다. 5분에서 10분, 15분으로 아주 서서히 늘려가면 된다.

엄마는 30분, 한 시간을 읽혀서 아이의 영어 실력이 빨리 좋아지기를 바라겠지만, 매일 영어책 10분 습관을 들이는 것이 처음부터 욕심을 부려 아이를 지쳐 떨어지게 하는 것보다 낫다.

영어 독서가 습관이 된 아이들은 영어책을 읽다가 재미있는 시리즈를 발견하게 된다. 자기가 좋아하는 캐릭터가 생기고, CD를 통해 전해지는 생생한 효과음과 영어 소리에 재미를 느끼기 시작한다. 그 스토리에 몰입해서 듣다 보면 몰랐던 단어들의 뜻이 점점 유추가 되는 신기한 경험도 하게 된다.

영어책 읽기가 별거 아니라는 생각이 들고, 스스로 영어로 된 책을 이해하며 읽을 수 있다는 사실에 감탄하게 된다. 이제 아이는 영어책 읽기를 진정으로 즐길 줄 아는 아이로 자랄 것이다.

책 읽기가 가장 재미있는
환경이 되어야 한다

아이들이 수업 시간보다 일찍 와서 자기들끼리 이야기를 나눈다. 들어보니 게임 이야기다. 게임이 그렇게 재미있냐고 물어보니 그렇단다.

"선생님은 예정이가 영어책을 제일 재미있어 하는 줄 알았는데……." 라고 서운한 마음에 슬쩍 얘기했더니, '헐!' 하는 표정으로 나를 쳐다본다.

매번 열심히 영어책을 읽어오는 아이들도 이럴진대, 다른 아이들은 어떨까?

스마트폰 게임, 컴퓨터 게임, 닌텐도, 유튜브 동영상, TV 등 온갖 미디어들이 아이들의 마음을 완전히 점령한 것 같다. 글을 읽으며 머리 아프게 생각하지 않아도 되고 상상의 나래를 펼칠 필요도 없이 손쉽게 즉각적인 재미를 느낄 수 있기 때문이다. 겉으로는 매우 풍요로운 시대 같지만, 내 눈에는 그저 안타까울 뿐이다.

스마트폰으로부터 아이를 구하라

놀이미디어 교육센터의 권장희 소장은 스마트폰과 뇌의 발달에 대한 연구를 진행해 그 결과를 학부모와 학생들에게 강연한다. 앞서도 이야기했듯, 권 소장은 '세바시' 강연 '스마트폰으로부터 아이를 지켜라'에서 짧지만 강렬하게 스마트폰의 유해성과 책 읽기의 중요성을 강조한 바 있다.

권 소장은 이 강연에서 128개의 전극을 머리에 연결해 게임을 할 때와 책을 읽을 때의 뇌가 어떻게 반응하는지를 보여준다. 게임은 뇌의 뒷부분인 후두엽에서 바로바로 처리가 가능하다. 그래서 거의 생각할 필요가 없기에 뇌의 앞부분에 있는 전두엽을 사용하지 않는다. 그런데 전두엽은 인간이 가장 인간다운 역할을 할 수 있게 해주는 뇌의 영역으로 알려져 있다. 인내하고 절제하고 창의력과 상상력을 발휘하는 곳, 즉 깊은 사고를 하는 부분인 것이다. 책을 읽을 때는 전두엽으로 자극이 간다. 책의 그림을 보고 스토리를 이해해야 하기에 들어온 정보를 분석하고 처리하느라 전두엽이 사용된다.

4차 산업혁명 시대에는 더욱더 정말 가장 인간다운 인간, 인내와 도전, 창의력과 협동심을 발휘할 수 있는 인간이 그 시대를 이끌어가게 될 것이다. 그러나 게임과 스마트폰을 가까이 하는 아이들은 생각하는 것을 가장 힘들어한다. 절제하고 인내하는 것도 어려워하고 화도 잘 낸다. 즉각적인 반응과 만족에 익숙해진 아이들이 남을 배려하고 전체를 바라보고 상황을 분석하고 인내심을 발휘할 수 있을까?

많은 부모들이 다른 아이들도 다 게임을 하니까 주말에만 하게 하는 것은 괜찮다고 생각한다. 특히, 아빠들은 자기도 하니까 아이들도 공부 할 것 다 하고 조금 하는 것은 괜찮다고 생각한다. 그런데 그것이 전혀 괜찮지가 않다고 권장희 소장은 말한다. 왜냐하면 어른들은 이미 다 큰 후에 스마트폰을 만지게 되었지만, 아이들은 지금 뇌가 한창 자라고 개발되고 있는 중에 스마트폰에 노출되고 있기 때문이다.

TV와 게임을 없애다

영어 독서는 영어를 학습하는 것이 아니라 모국어처럼 자연스럽게 습득하게 하는 방법이다. 그런데 문제는 이것이다. 책에 완전히 몰입 해서 재미를 느껴야 '습득'이 일어나는데, 요즘 우리 아이들의 머리가 너무 복잡하다. 도대체 책에 몰입할 수가 없다.

주말에만 게임을 하도록 허락받은 아이도 문제다. 언제 주말이 돼서 게임을 할까 생각하고, 게임 장면이 잔상처럼 계속 머리에 떠오른다. 무슨 아이템을 사서 레벨 업을 할 것인가 궁리하느라 바쁘다. 게다가 게임에 비하면 책은 얼마나 지루한가? 심지어 어떤 아이는 엄마와 함께 본 드라마의 다음 회가 궁금해서 견딜 수가 없다.

이러니 영어책을 펼치고 앉아 있는 것이 무슨 소용이 있겠는가? 마치 이미 가득한 그릇에 무언가를 억지로 더 넣으려고 하는 시도처럼 부질 없는 것이다.

나는 엄마표 영어를 시작하면서 TV를 바로 없애려고 했지만 남편이 반대했다. TV를 없앴다고 하면 다들 아이들이 힘들어하지 않았냐고 하지만, 가장 힘든 사람은 우리 부부였다. 그 당시 우리 부부는 TV 드라마를 보는 낙으로 살았다. 성격은 완전 반대이지만 드라마를 좋아하는 것은 같았다. 월화 드라마, 수목 드라마, 일일 드라마, 주말 드라마를 다 챙겨 보았다. "오늘은 무슨 드라마 하는 날이지?" 하는 것이 우리 부부의 주요 대화였다.

남편이 퇴근을 하면 아예 밥상을 TV 앞에 차려 놓고 일일 드라마부터 뉴스, 10시 시간대에 방영하는 중요 드라마까지 다 봤다. 우리 아이들이 놀아달라고 말을 걸어도 건성으로 대답하며 드라마를 보느라 바빴다. 그러던 어느 날 어린이집에서 심각한 리포트를 보내왔다. 우리 아들이 자꾸 어린이집에서 문제 행동을 하는데 부모의 사랑과 관심이 많이 필요하다는 소견이었다. 아들을 너무나 사랑하는 남편은 아들과 더 놀아주기 위해 TV를 없애는 것에 동의했다.

스마트폰 게임에 대해서도 우리 아이들과 여러 가지 방법으로 시도를 해봤다. 뭔가를 잘하면 게임 시간을 준다든가, 주말에 시간을 얼마 정해서 게임을 하게 해준다든가 하는 식으로 말이다. 그러나 게임을 하게 해주면 아이들은 항상 신경질적이 되고 화를 참지 못하는 증상을 보였다. 게임을 시켜줄 때는 기뻐했지만, 게임을 이제 그만하라고 하면 부모를 원망하고 화를 냈다.

밥상에서 '고기'를 치우자

가정에서 TV, 스마트폰, 게임이 허용되면 독서는 사라진다. 영어 독서로 성공하려면 환경이 가장 중요하다. 영어책이 아주 재미있다고 느낄 수 있도록 다른 더 자극적인 것들을 부모가 다 치워야 성공할 수 있다.

영어책은 담백한 나물 반찬 같은 것이다. 우리 아들은 고기를 아주 좋아한다. 특히, 치킨은 매일이라도 먹을 기세다. 이런 아들도 콩나물이나 시금치나물을 무쳐주면 밥 한 그릇을 뚝딱 해치운다. 그러나 일단 고기반찬이 식탁에 올라오면 김치 한 조각도 먹이기가 쉽지 않다.

이런 아들에게 나물을 먹이려면 밥상에서 고기를 치우면 된다. 아이들에게 영어책을 읽게 하려면 게임과 스마트폰을 치우면 된다. 아빠도 엄마도 형도 누나도 다 스마트폰을 들여다보고 있으면서 아이에게만 책을 읽으라고 하는 것은 온 가족이 치킨 파티를 하면서 혼자만 채소 반찬에 밥을 먹으라고 하는 것과 마찬가지다. 이런 환경이라면, 영어책 읽기를 싫어한다고 해도 하나 이상할 것이 없다.

아이들은 이야기를 좋아한다. 잠잘 때 부모가 들려주는 이야기, 책에서 읽는 이야기는 다 아이들의 상상력을 자극하는 즐거움이 된다. 그러나 더 큰 자극인 게임과 스마트폰, TV가 아이들의 마음을 다 빼앗아버린다면 책은 더 이상 아이들의 마음을 사로잡을 수가 없다.

드라마보다 재미있는 책은 없다

독서를 좋아하는 나도 드라마에 빠져 있을 때는 책을 단 한 권도 읽지 않았다. 나는 책을 아주 좋아하는 사람이지만, 그래도 드라마보다 책이 재미있지는 않기 때문이다.

전지현, 김수현 주연의 드라마 〈별에서 온 그대〉에 빠졌을 때는 그 증세가 너무 심해서 머릿속에 하루 종일 도민준만 떠올랐다. 설거지를 해도 청소기를 돌려도 자려고 누워도 온통 도민준만 생각났다. 나 혼자 있을 때는 〈별에서 온 그대〉를 보고 또 보는 것이 유일한 즐거움이었다. 정상적인 생활로 돌아오는 데 한참이 걸렸다.

책을 이렇게 좋아하는 나도 드라마에 빠지면 이 지경이 되는데 어른보다도 훨씬 절제력이 약한 아이들은 어떨까? 게임이나 스마트폰에 빠진 아이들을 보면 그 머릿속이 어떨지 상상이 간다. 우리의 마음은 한정되어 있다. 게임이나 스마트폰을 엄청 좋아하면서 동시에 책을 엄청 좋아할 수는 없는 것이다.

우리 아이들이 영어를 잘하게 된 가장 큰 이유는 이런 환경에서 8년째 살고 있기 때문이다. 이런 절제된 환경에서 책과 영어 DVD만이 허락되었기에 그 즐거움에 빠질 수 있었다. 내 아이를 영어 독서로 성공시키려면 더 자극적인 다른 것들을 치워야 한다.

며칠 전 저녁에는 딸이 테리 디어리(Terry Deary)의 《히스토리컬 테일즈(Historical Tales)》 챕터북의 CD를 들으면서 엄청 웃어댔다. 딸아이는 책을 다 읽고 나서는 웃긴 부분을 나에게 읽어주기도 했다. 내가 스마트폰과 게임을 허락했다면 이렇게 영어책을 재미있어하는 아이가 되지는 않았을 것이다.

한글책 읽기를
놓치면 안 된다

딸이 4학년이었을 때 《푸른 사자 와니니》(창비, 2015)를 읽고는 책을 학교에 가져가서 친구들에게 보여주고 싶다고 나를 졸랐다. 도서관에서 빌려온 책은 잃어버리거나 손상될 염려가 있어서 학교에 가져가지 못하게 하는 것을 알면서도 딸애는 계속 졸라댔다.

딸아이는 무리에서 쓸모없다고 쫓겨난 암사자 와니니가 초원에서 어려움을 이겨내고 리더가 되는 이 책을 무척 재미있어했다. 그래서 꼭 한번 친구들에게 보여주고 싶다고 했다.

어쩔 수 없이 일회적으로 허락해주었는데 다음 날 학교를 다녀온 딸의 표정이 굉장히 시무룩했다. 글자로 빽빽한 그 두꺼운 한글책에 관심을 보이는 친구가 아무도 없었기 때문이었다.

책이 사라진 일상

요즘 학교에서는 친구들끼리 "이 책 너무 재미있어. 너도 한번 읽어봐!"라는 대화를 더 이상 하지 않는다. 그 대신 "너 마인크래프트 해봤어?"라며 게임 이야기를 한다. 아이들이 집에 오면 부모님은 책 이야기를 하지 않는 것은 물론이고, 책 읽는 모습을 보여주지도 않는다. 그 대신 TV 드라마나 스마트폰을 열심히 들여다보는 모습을 아이들에게 보여줄 뿐이다. TV와 스마트폰이 얼마나 재미있는지 부모의 삶으로 광고하는 셈이다.

책에 대한 모든 광고가 일상생활에서 사라졌다. 코카콜라는 아프리카 오지까지 퍼져 있는데도 아직도 광고를 쉬지 않고 있는데 말이다. 그러나 우리 부모들이 처음부터 그랬던 것은 아니다.

아이가 태어나면 부모들은 그림책을 읽어주기 시작한다. 그러나 아이들이 커갈수록 책 읽기는 점점 삶에서 사라진다. 대신 그 자리에 학습지와 학원 그리고 그 힘겨움을 달래줄 게임, TV가 아이의 삶을 장악해간다.

왜 책을 읽어야 할까?

《하루 15분 책 읽어주기의 힘》을 통해 미국을 비롯해 전 세계에 독서의 중요성을 알린 짐 트렐리즈는 미국의 〈국가 읽기 보고서〉를 인용하여 이렇게 전한다. 초등학교 4학년 중 즐거움을 위해 매일 책을 읽는 비율은 54퍼센트에 불과하며, 이 수치는 중학교 2학년이 되면 30퍼센트로, 고등학교 3학년이 되면 19퍼센트로 급격히 줄어든다고. 이 수치도 요즘에는 더 떨어졌을 것이다.

이 책에서는 책 읽기를 통해 놀라운 학업 성취를 이룬 사례들을 수없이 보여준다. 그러면서 저자는 책 읽기가 왜 가장 좋은 교육 효과를 내는지에 대해서 두 개의 공식으로 정리했다.

첫째, 많이 읽으면 읽기에 점점 능숙해진다. 능숙해지면 읽기를 더 좋아하게 되고 더 좋아하게 되면 더 많이 읽게 된다.

둘째, 많이 읽으면 더 많이 알게 된다. 더 많이 알게 되면 더 똑똑하게 자란다.

그러므로 TV와 게임, 스마트폰을 치우고 그 빈자리에 책 읽기를 채워 넣어야 하는 것이다. 읽기를 생활화시킬 수 있는 짐 트렐리즈의 '읽기 생활의 원칙'은 다음과 같다.

첫 번째 원칙은, '인간은 즐거움을 추구한다'는 것이다. 인간은 즐거움을 주는 일은 시키지 않아도 자발적으로 반복한다. 우리가 기꺼이 하는 모든 일이 그렇다. 아이에게 책을 읽어줄 때마다 우리는 즐거움의 메시지를 아이의 두뇌에 보내는 것이다. 그러나 불행히도 지금의 아이들에게 읽기는 불쾌감과 연관되어 있다. 끝없는 문제 풀이와 북리포트가 책읽기의 즐거움을 빼앗아가고 있기 때문이다.

두 번째 원칙은, '읽기는 습득되는 기술이다'라는 것이다. 읽기도 자전거 타기나 운전하기와 같다. 잘하려면 많이 해야만 한다. 많이 할수록 더 잘하게 된다. 책을 많이 읽는 사람은 글을 처리하는 속도가 정확하고 빨라진다. 작가가 글 속에 숨겨놓은 재미와 메시지를 정확하게 파악해낸다. 그게 바로 책을 읽는 재미다. 마치 초보 독서가가 비포장도로를 달리는 자동차라면, 숙련된 독서가는 고속도로를 달리는 자동차와 같다. 쉽고 편안하게 책을 즐길 수 있는 것이다.

그러나 이런 것을 잘 알던 나도 우리 아이들의 책 읽기는 한두 살 때까지만 하다가 그만두었다. 결혼생활이 고달프고 바빴기 때문이다. 《잠수네 아이들의 소문난 영어공부법》을 읽은 후 정신을 차렸을 때는 이미 우리 아이들이 일곱 살, 여섯 살이었다. 그때부터 한글책 읽어주기가 시작되었다. 하루에 세 권씩 읽고 싶은 책을 가져오라고 해서 저녁마다 읽어주었다. 이제는 책이 두꺼워져서 하루에 한글책 읽기 30분, 영어책 읽기 30분이 규칙이고, 방학 때는 한 시간씩 읽게 한다.

영어를 잘하게 하는 데에 왜 한글책 읽기가 필요할까?

나는 영어를 원어민 수준으로 잘하게 하는 방법에는 영어 독서가 해답이라고 줄곧 말해왔다. 그러나 한글책 읽기가 되어 있지 않은 아이에게 영어책을 읽히는 것은 정말 어렵다는 것을 8년간 아이들을 지도하면서 절감했다. 한글책의 즐거움을 아는 아이들은 담백한 스토리의 책도 재미있게 읽는다. 저학년이라도 한 시간 수업을 거뜬하게 해낸다. 까불고 장난기 많은 남자아이들도 일단 책에 빠지면 집중을 잘한다.

그러나 고학년이라도 책 읽기와 담을 쌓은 아이들은 40분 책읽기를 위해 앉아 있는 것 자체를 고역으로 느낀다. 옆에서 지켜보기에 안쓰러울 정도로 힘들어한다. 한글책을 읽지 않은 아이들은 영어 단어를 한글 뜻으로 알려줘도 전혀 이해를 하지 못한다.

언젠가 과외를 받던 3학년 아이가 이렇게 물어왔다.

"선생님, 이 책에서요. responsible이 무슨 뜻이에요?"

"책임감이 있다는 뜻이야."

"네? 그게 무슨 뜻인데요?"

중학생에게 영어 과외를 했을 때는 더 충격적인 경험도 했다. 교수 아들이었던 그 아이는 영어 문장의 한글 해석을 이해하지 못했다. 그래서 영어 선생이었던 나는 오히려 한글 해석이 무슨 뜻인지를 먼저 설명해야만 했다. 요즘 아이들의 한글 실력은 점점 안 좋아지고 있다.

심지어는 영어 시험문제의 한글을 이해하지 못해서 문제를 제대로 풀지 못할 정도다. 중학교 중간고사 영어 시험문제에서도 영어를 몰라서 틀린 것이 아니라 한글을 몰라서 틀린 경우도 있다. 영어 시험문제의 질문은 이랬다.

"다음 중에서 '장래에'라는 뜻을 나타내는 것은?"

'장래에'가 무슨 뜻인지 몰라서 틀린다. 그게 '미래에'라는 뜻이라고 알려주자 금세 보기에서 정답을 골라냈다.

"다음 짝지어진 단어의 성격이 상이한 것은?"

'상이한'이 무슨 뜻인지 몰라서 또 틀린다.

한글책 읽기는 영어를 위한 최고의 선행학습

한글책 읽기는 모든 과목에서 최고의 선행학습이 된다. 같은 언어인 영어 습득을 위해서도 그렇다. 한글책 읽기가 정말 잘 되어 있으면 영어책 읽기를 늦게 시작해도 빨리 실력이 는다. 그래서 나는 유치원생을 둔 어머니들에게 입학 전에는 영어보다도 한글 독서에 집중하라고 강조한다.

영어를 배우는 것을 고층 빌딩을 짓는 일에 비유해보자. 한글책의 재미를 아는 아이들은 기초공사가 다 끝난 상태와 같다. 멀리서 보면 땅 위에는 아무것도 없는 것 같지만, 땅 깊숙이 튼튼한 기초공사를 다져 놓았기에 위로 건물을 쌓아 올리기만 하면 된다. 따라서 건물은 견고하고, 위로 올라가는 속도도 매우 빠르다.

영어 실력은 한글 실력을 뛰어넘기 힘들다. 한글 실력이 부족하면 영어 실력이 느는 데에 한계가 있다. 한글로 해석해도 무슨 뜻인지 모른다면, 그 아이의 세계에는 그 단어도 그런 문장도 존재하지 않는 것이다.

한글책을 읽으며 생각머리를 키워온 아이들에게는 언어가 다르다고 해서 그게 큰 문제가 되지 않는다. 언어가 달라도 그림을 유심히 관찰해서 모르는 단어나 내용을 유추해내고, 이야기의 주요 흐름이 어디로 흘러가는지, 사건이 어떻게 생기고 해결되는지, 이를 통해 작가가 무엇을 이야기하고자 하는지 파악하는 능력이 이미 내재되어 있기 때문이다.

영어책 읽기는
초등학교 때 올인해야 한다

영어 독서의 효과가 입소문 나면서 기존의 학습 프로그램에 리딩 수업을 끼워 넣는 학부모가 늘어났다. 아니면 월수금은 일반 학원을 보내고 화목은 리딩 전문학원에서 책 읽는 수업을 병행시키기도 한다. 그러나 안타깝게도 이런 정도로는 원어민에 가까운 영어 실력에 이를 수 없다.

영어 독서로 성공하려면 초등학생 때 영어책 읽기에 올인해야 한다. 게다가 일부 리딩 전문 학원처럼 횟수제로 끊어서 수업료를 내는 방식은 마치 수업에 빠지는 것이 돈을 절약하는 것 같은 느낌을 주어, 사소한 이유로 자꾸 빠지게 만드는 역효과를 낸다. 빠져도 손해 볼 것이 없다는 인식을 주는 탓이다. 그러나 이런 자투리 시간 투자로는 절대로 부모들이 기대하는 영어 실력에 이르지 못한다.

아이를 너무 바쁘게 만들지 말자

요즘 초등학생은 너무 바쁘다. 일주일에 세 군데 학원은 기본이고, 많게는 일고여덟 개의 학원과 방문 수업을 하는 아이들도 많다. 그러니 아무리 집에 책을 전집으로 사다가 꽂아놓은들 읽을 시간이 있을 리 없다. 한가하고 느긋해야 한글책이든 영어책이든 집어 들 텐데, **빽빽한** 일정에 잠잘 시간도 부족할 지경이니 책은 먼 나라 이야기만 같다.

학원을 경영하다 보니, 아이들 중에도 실력이 빨리 느는 애가 있다. 그런 아이들은 열이면 열 모두 책을 많이 빌려서 많이 읽어오는 아이들이다. 똑같이 1년을 다녔어도 어떤 아이들은 20권씩 빌려가서 여러 번 읽고 오는가 하면, 달랑 세 권을 빌려가서도 못 읽고 오는 아이도 있다. 이런 아이들은 실력의 차이로 돌아온다. 인풋(input)의 양에 따라 아웃풋(output)은 달라질 수밖에 없기 때문이다.

키즈엔리딩의 장점은 책 대여에 있다. 월수금 주 3회 반이든 화목 주 2회 반이든 그 정도 횟수로는 원어민의 영어 실력에 이를 수 없다. 결국 집에서 개인 시간에 얼마나 읽느냐가 실력을 가름한다.

키즈엔리딩 공부방과 학원에서는 아이의 성향과 레벨을 잘 관찰해서 아이가 어떻게 영어책을 읽는 것이 가장 효율적인지, 어떻게 하면 아이가 계속 재미있게 영어책을 읽을 수 있는지 도와주는 역할을 한다. 진짜 책 읽는 습관은 집에서 잡혀야 한다. 그래서 끊임없이 엄마와의 상담, 간담회, 설명회 등을 진행하는 것이다.

처음에는 매일 10분도 좋다. 보통 20~30분에서 시작해서 나중에는 한 시간 정도 매일 영어책을 읽을 수 있는 습관이 잡혀야 한다. 그 이상 하면 더욱 좋다. 나중에는 집에서 심심할 때 영어책을 꺼내 읽는 아이로 만들어야 한다.

그러나 심심할 틈도 없이 바쁘게 이 학원 저 학원 스케줄대로 다녀야 하는 아이라면 영어책 읽기 또한 얼른 해치워야 할 하나의 숙제로 전락할 수밖에 없다. 많이 생각할수록 좋은 독서인 것은 영어책도 마찬가지인데, 바쁜 아이들은 영어책을 읽으며 이것저것 생각할 마음의 여유가 없다. 아이들의 마음은 한정되어 있다. 여러 가지를 동시에 다 잘할 수는 없다. 영어에 몰입할 수 있는 시간을 주려면 다른 것들은 내려놓아야 한다.

학년과 레벨이 맞아야 한다

아이들은 초등학교 저학년에서 고학년이 되면서 점점 인지능력이 자라고 감성도 자란다. 그런데 인지능력은 자라는데 영어 실력이 모자라 정신연령에 맞지 않는 영어책을 읽히면 어떻게 될까? 아이가 정말 재미있게 몰입해서 볼 수 있을까?

초등 저학년은 1단계 영어책을 재미있게 읽는다. 그러나 초등 고학년인데 1단계의 쉬운 영어책 정도밖에 이해할 수 없는 수준이라면 책이 재미있을리가 없다. 그저 유치하게 느껴질 것이다.

《크라센의 읽기 혁명》의 크라센 박사는 몰입해서 책을 읽을 때 언어의 습득이 일어난다고 했다. 그런데 재미없게 보고 있는 책이라면 몰입이 일어나지 않으니 습득되는 양도 적을 수밖에 없다. 나이에 맞게 영어 실력이 늘어야 계속 재미있게 영어책을 읽을 수 있고, 언어의 습득이 일어난다. 정신연령에 맞게 영어 레벨을 높이는 것이 중요한 이유가 여기에 있다.

그렇다면 초등학생 시절에는 언제가 영어 독서를 시작하기에 가장 좋은 시기일까? 영어 그림책을 기꺼이 읽어줄 수 있는 엄마라면 유치원 때부터 해도 좋다. 특히 언어 재능이 있는 아이라면 더 그렇다. 만약 한글책 읽기 레벨이 빨리 올라가는 아이라면 영어 독서도 빨리 시작하는 게 좋다.

한글책 수준과 영어책 수준은 비슷하거나 한글책 수준이 약간 더 높은 게 바람직하다. 한글책 수준이 또래에 비해 엄청 높은 아이인데, 영어는 안 시켜서 한 줄짜리 영어책부터 봐야 할 실력밖에 안 된다면 그것도 문제다. 이 경우에는 아이가 영어책을 유치하게 느끼기 때문에 영어책에 재미를 느끼고 몰입하기가 상당히 어려워지기 때문이다. 언어 재능이 있는 아이들은 한글책만 읽히지 말고 영어책도 읽혀서 격차가 너무 벌어지지 않도록 해야 한다.

영어 독서는 실제 나이보다는 그 아이의 정신연령과 더욱 밀접한 관련이 있다. 저학년이라도 성숙한 아이들, 특히 한글책도 아주 두꺼운 책을 즐겨 읽는 아이라면 영어 실력이 빨리 따라 올라가야 흥미를 잃지 않고 영어책 읽기를 계속 이어갈 수 있다.

반면 고학년이라도 순진무구하고 해맑은 아이들이 있다. 이런 아이들은 한두 줄짜리 영어책도 재미있어하면서 읽기 때문에, 영어 독서를 통해 영어 실력이 좋아진다.

영어 독서에도 '타이밍'이 있다

영어 독서는 한글을 뗀 후에 하는 게 좋다. 한 시간 수업을 하는 키즈엔리딩에는 대부분 1학년 2학기 때 보내는 것이 가장 무난하지만 예외도 많다. 심지어 일곱 살인데도 한글책 읽기가 잘 되어 있어서 앉아서 책 보는 것을 전혀 힘들어하지 않는 아이들도 있기 때문이다. 그리고 아까도 말했듯이 한글책 읽기가 잘 되어 있거나 언어 재능이 뛰어난 아이들은 빨리 시작하는 것이 좋다.

집에서 엄마표로 영어책을 읽는 경우에는 굳이 한 시간을 채울 필요가 없으니 한글만 뗐다면 더 어린 나이에 5~10분 정도 영어 독서를 시작해도 좋다.

일단 영어 독서를 시작했다면 아이가 감당하기에 적당한 정도로 학원을 네 개 이하로 줄여서 아이가 책 읽을 시간을 확보해야 한다. 그래야 아이가 책을 음미하고 생각하면서 천천히 볼 수가 있다. 급한 마음에 숙제를 해치우듯이 영어책을 읽게 하면 자칫 책을 읽는 게 아니라 스캔하는 속독에 빠지기 쉽다. 대충 빨리 읽고 책을 다 읽었다고 하는 속독으로는 절대 영어 실력이 늘지 않는다. 몇천 권을 읽어도 실력이 잘 늘지 않는 아이들은 마음이 급하고 생각할 여유가 없는 경우가 많다. 그래서 아이들이 영어책을 볼 때는 정말 집중해서 재미있게 보는지 잘 관찰해야 한다.

영어 왕초보에서 챕터북을 읽는 데 걸리는 시간은 평균 4년 정도다.

평균이 4년이니 더 빨리 2~3년 안에 되는 아이들도 있고, 5~6년이 되어야 챕터북을 읽을 수 있는 아이들도 있다는 뜻이다. 그러니 혹시라도 자신의 아이가 천천히 가는 아이라면 초등 6년이 온전히 필요할 수도 있으니 이 점을 꼭 기억하기 바란다.

중학생 때는 여러 가지로 너무 바쁘다. 봉사활동이다 수행평가다 내신이다 해서 영어책에 온전히 몰입할 시간이 너무나 부족하다. 초등 고학년만 되어도 학원 수를 늘리면서 바빠지는 아이들이 대부분이다. 그러니 영어 독서를 시작하기에 가장 좋은 시기는 초등 저학년이다.

영어 독서는 책의 재미에 빠져야 하기 때문에 '타이밍'이 중요하다. 언제 시작하느냐, 언제 챕터북 정도의 레벨이 되느냐가 매우 중요하다.

초등 시절은 영어 독서를 할 수 있는 최고의 시기다. 중학생인데 AR 1점대라면 영어책의 재미에 빠지기에는 너무 늦었을 수 있다. 중학생 때 뒤늦게 영어 독서를 하려면 AR 3점대는 나와야 그나마 재미를 느끼며 책을 볼 수 있을 것이다. 그러나 초등학생 때 최소 3년 이상 6년 정도 영어책 읽기에 투자한다면 아이는 평생 영어 능통자의 삶을 살 수 있다. 영어를 잘하면 얻을 수 있는 모든 기회를 얻으며 전 세계 어디에서든 자기 꿈을 펼칠 수 있게 된다.

칭찬과 격려로
자신감을 준다

"저는 죽었다 깨나도 서울대는 못 갈 거예요. 아빠는 영어를 정말 잘하거든요."

5학년이었던 그 남자아이의 표정이 너무나 안돼 보였다. 그 아이의 아빠는 외국계 기업에 다녔는데 출장에서 돌아올 때면 두꺼운 영어 소설책을 선물로 사다주었다고 한다. 아이가 영어 유치원부터 다녔으니 두꺼운 소설쯤은 충분히 읽을 수 있을 거라고 생각하셨던 모양이다. 그러나 그 아이의 실력은 그때 막 챕터북을 읽을 수 있는 정도였으니 아빠가 사온 영어 소설책들은 책꽂이에 꽂아둘 수밖에 없었을 것이다.

영어를 잘하는 부모가 아이들에게 다 좋은 것은 아니다. 오히려 잘난 부모 밑에서 주눅 들고, 자신의 영어 실력이 보잘것없다고 느끼는 아이들을 많이 봤다. 5학년인데 챕터북을 읽는다면 그래도 꽤 좋은 영어 실력임에도 그 아이의 표정은 밝지 않았다.

영어를 잘 못하는 엄마들은 아이들에게 영어 그림책을 읽어줄 수도 없고, 집에서 간단한 영어 대화도 못해주는 걸 안타깝게 생각한다. 하지만 나는 영어를 못하는 부모가 차라리 나을 수도 있다고 생각한다. 아이의 영어 실력에 감탄할 수 있다면 말이다.

아이가 태어나서 처음 말하고, 몸을 일으켜 앉고, 일어나서 걸었을 때 우리는 얼마나 감탄했던가? 그러나 아이가 커가면서 아이에 대한 감탄은 점점 줄어든다. 오히려 옆집 아이보다 왜 더 잘하지 못하냐는 비난의 눈길을 보낼 때가 많다.

태도를 칭찬하라

《마인드셋—원하는 것을 이루는 '태도의 힘'》(김준수 옮김, 스몰빅라이프, 2017)의 저자 캐롤 드웩(Carol S. Dwek) 교수는 아이가 성공이나 실패를 경험할 때 주변 사람들, 특히 부모나 선생님 같은 권위 있는 사람들이 보였던 반응에 따라 아이에게는 '성장 마인드'나 '고정 마인드'가 형성된다고 보았다.

그는 여러 심리학 연구를 통해 성공을 유지하는 사람들은 배움을 즐기는 사람들, 즉 계속 배우고 성장하고자 하는 '성장 마인드'를 가진 사람들이라고 결론 내린다. 한 번 성공은 똑똑한 사람이 할 수 있지만 계속 그 성공의 자리에 머무는 사람은 실패나 좌절을 이길 수 있는 '태도'를 가진 사람들이라는 것이다.

저자에 따르면 성공=똑똑함, 실패=멍청이라는 '고정 마인드'를 가진 사람은 한 번의 실패에도 무너지고 노력하고 도전하는 것을 꺼리는 경향이 강하다. 따라서 고정 마인드셋 때문에 자신뿐 아니라 주변 사람들, 나아가 자신이 속한 조직까지 고집과 포기의 구렁텅이에 몰아넣은 사람들이 많다. 드웩은 학습 능력은 타고난 대로 고정되어 있는 것이 아니라 계속 발전할 수 있다는 것을 많은 연구 사례를 통해 증명하며, 마인드셋이 사람과 조직의 성장과 발전에 어떤 영향을 끼치고 어떻게 하면 성장으로 연결되는 마인드셋을 갖출 수 있는지를 여러 사례를 통해 설명한다.

새로운 도전과 노력을 통해 실제로 더 똑똑해진다는 사실을 알려주는 것만으로도 학생들은 어려운 과제에 도전하고 실패를 잘 견뎌내는 태도를 보인다. 우리가 명심하고 또 명심할 것은, 칭찬은 아무리 지나쳐도 과하지 않다는 사실이다.

과정을 칭찬하는 마법의 한마디, "어떻게 이렇게 한 거야?"

그러면 부모나 선생님은 아이들에게 어떻게 구체적으로 칭찬해야 할까? 캐롤 드웩 교수는 '천재'라거나 '최고'라는 칭찬은 아이들에게 해가 된다고 한다. 꾸준히 열심히 노력했는데 좋은 성적을 내지 못하면 '천재'나 '최고'가 아닐 테니, 그게 들통 나느니 차라리 도전이나 노력을 안 하는 쪽을 택하기 때문이다. 그러므로 가장 좋은 칭찬은 배워가는 과정과 노력을 인정해주는 것이라고 그는 강조한다.

나는 아이들이 잘했을 때, "너는 천재구나!"라고 하기보다는 "어떻게 이렇게 한 거야?"라는 질문으로 칭찬을 많이 했다.

"주말에 여행까지 다녀왔는데, 언제 이렇게 책을 다 읽은 거야?"

"이 할아버지의 정체가 뼈다귀 거인인지 어떻게 알아냈어? 생김새가 전혀 달라서 잘 모르는 애들이 많은데⋯⋯."

"어떻게 이 단어의 뜻을 유추해낸 거야? 이 책에서 처음 봤다면서?"

그러면 아이들은 눈을 반짝이며 자랑스럽게 자신의 비결을 알려준다. 그때 아이들의 표정이 얼마나 환하게 빛나는지를 보는 것이 선생으로서의 낙이다.

나는 그다지 칭찬을 받으며 자란 아이가 아니다. 많은 한국의 부모들이 칭찬을 잘 못하는 것처럼, 나도 그렇게 자랐다. 부모들이 칭찬에 인색한 것은 그들 역시 칭찬을 받아본 경험이 별로 없기 때문일 것이다. '칭찬'이라고 하면 아이의 노력이나 과정보다는 타고난 재능을 칭찬하는 말 "잘했어", "천재구나", "똑똑하네"밖에 떠오르지 않는 것도 어찌 보면 당연하다. 자연스럽게 칭찬하는 법도, 새로운 칭찬법을 생각해내기도 버겁다면 그냥 감탄을 담아 "어떻게 이렇게 한 거야?"라고 물어보면 어떨까?

똑똑한 지점은 아이마다 다르다

나는 운동을 못한다. 한번은 수영을 배운 적이 있었는데, 1년 내내 기초반에만 머물렀다. 수영장에서 나는 가장 느리게 배우는 학생이었다. 아무리 설명대로 하려고 해도 몸이 따라와 주지 않고, 속도도 늦어서 뒷사람에게 피해를 주기 일쑤였다. 강사 선생님도 내가 답답한지 나에게는 웃어주지도 않고 무뚝뚝하기만 했다. 진도를 따라갈 수 없으니 몇 달 다니다가 다시 기초반으로 바꾸게 되었는데 예전 선생님들을 마주치면 그때마다 아직도 기초반이냐는 그 눈빛이 나를 많이 부끄럽게 했다.

1년 만에 킥판을 붙잡지 않고 자유형으로 반대쪽 끝까지 한 번에 갔다. 드디어 성공했다는 감격과 동시에 갑자기 영어 실력이 천천히 느는 아이들 생각이 났다. 나도 모르게 그 아이들에게 '넌 왜 이리 못하니?' 하는 눈빛을 보냈던 것은 아니었을까 하는 미안함, 아무리 느리더라도 꾸준히 기초를 반복하면 결국은 되는구나 하는 여러 가지 감정이 북받쳐서 눈물이 났다.

그리고 얼마 후에 그 수영장에서 영어 실력이 정말 천천히 늘던 한 아이를 봤는데, 물속에서 얼마나 자유롭게 수영을 잘하던지, 물개가 따로 없었다. 물에서만큼은 그 아이만큼 빛나 보이는 아이는 없었다.

숙명여대에서 테솔을 공부할 때 한 미국 교수는 '똑똑하다(smart)'라는 단어를 이렇게 설명했다.

"'똑똑하다'는 것은 학습적인 것만 뜻하지 않는다. 그림에서 '똑똑한' 아이가 있고, 언어에서 '똑똑' 아이가 있다. 육체적으로 '똑똑한' 아이가 있고, 관계에서 '똑똑한' 아이가 있다. 우리는 아이를 볼 때, 어떻게 똑똑한지를 관찰해야 한다."

그렇다. 내 아이가 똑똑한 분야는 다 다를 수 있다. 설령 영어 실력이 비교적 빨리 늘지 않더라도 다른 아이와 비교하지 않고, 6개월 전의 자기 실력과 비교하면 분명히 성장이 있을 것이다. 부모나 선생님이 이

점을 찾아내서 알려주고 격려해준다면 그 아이는 희망을 갖고 영어책을 계속 재밌게 읽을 수 있다.

    내가 수영 기초반을 계속 반복해서 수강할 때, 제일 마지막 수영 선생님은 다른 선생님들과는 조금 달랐다. 조금만 더 연습하면 잘할 수 있다고, 어떤 때는 수영 자세가 나아졌다고 칭찬도 해주었다. 나는 그 선생님의 격려에 힘입어 수영을 계속할 수 있었다. 다른 사람보다 수영 배우는 속도가 느리면 어떤가? 나는 시원한 물에 떠 있는 것을 점점 더 좋아하게 되었고, 잘하지는 못해도 수영을 점점 즐기게 되었다. 요즘에는 아침 8시에 자유 수영을 한다. 그렇게 느리게 실력이 늘었지만, 혼자서 평형까지 할 수 있을 정도가 된 것은 내가 수영을 계속하면서 즐길 수 있게 되었기 때문이다.

    영어도 모두가 같은 속도로 늘지 않는다. 모두가 TV나 책에 나오는 영어 영재처럼 놀랍게 늘지는 않지만, 누구라도 계속 꾸준히 영어책을 읽는다면 영어에 어느 정도 자유로운 경지에 이를 때가 오리라 믿는다. 내가 언어 재능이 부족하다면 좀 더 많이 시간을 투자하면 되는 것이다.

    남들보다 영어 실력이 빨리 늘지 않는다고 포기하는 아이들, 엄마들을 보면 너무 안타깝다. 내 속도가 좀 느려도 꾸준히 하면 언젠가는 목표로 하는 정도의 영어 실력이 될 텐데 말이다.

아이들은 똑똑해지고 싶어 한다

소아청소년정신과 전문의 서천석 박사는 《하루 10분, 내 아이를 생각하다》(서울문화사, 2011)에서 이렇게 말한다.

> 아이들은 누구나 공부를 싫어한다고 생각하십니까? 만약 그렇
> 게 생각한다면 아이에게 공부를 잘 시키기는 어려울 겁니다.
> 아이들은 똑똑해지고 싶어 합니다. 인정받기를 원합니다. 당
> 연히 공부를 좋아합니다. 하지만 너무 어린 나이에 시험을 치
> 르고, 문제를 풀고, 외우는 걸 강요받으니 공부가 싫어집니다.
> 어른들은 비교를 통해 상처를 주고, 잘 살려면 공부를 잘해야
> 한다고 위협합니다. 상처와 위협 때문에 아이는 공부가 무섭
> 습니다. 안 되니까 좌절감에, 무서우니까 자신을 지키려고 도
> 망갑니다. 아이에게 공부를 시키고 싶다면 아이의 본성을 믿
> 어야 합니다. 본성을 지켜서 키워내야 합니다.
>
> — 서천석, 《하루 10분, 내 아이를 생각하다》, 121쪽

암기 위주의 주입식 학원을 오래 다니다 온 아이들을 가르쳐보면 대
부분 별로 의욕이 없어 보인다. 배움에 굉장히 수동적이다. 가만히 있
으면 선생님이 다 알려주겠지 하는 태도다.

배가 꺼지기도 전에 항상 억지로 밥을 또 먹어야 한다면 식욕을 느낄
수 있을까? 궁금해하기도 전에 항상 억지로 공부를 강요당한 아이들은
배우고자 하는 의욕이 없다. 이런 아이들은 배움의 기쁨, 즉 모르는 것
을 알아가는 재미를 제대로 경험하지 못했다. 자기가 굳이 숟가락을 들
어 밥을 입에 넣지 않아도, 배가 터지도록 누군가가 음식을 먹여주리라

예상하는 아이들처럼 그저 무기력하게 앉아 있다.

나는 생각하지 않는 아이들에게 바로 정답을 알려주지 않는다. 게다가 내가 하는 모든 질문에 정답이 있는 것도 아니다. 아이들은 내가 바로 답을 알려줄 거라고 기대했다가 당황하기도 한다. 나는 "생각해봐. 잘 관찰해보면 네 스스로 알 수 있어. 다음 시간에 선생님에게 그걸 꼭 알려 줘~" 하고 그냥 코칭을 끝내기도 한다. 생각해보려고 노력하는 아이에게는 힌트를 주면서 같이 해답을 찾아나가기도 한다.

책을 읽으면서 뭔가 하나라도 궁금한 점을 생각해내는 아이에게 나는 특별한 감동 스티커를 준다. 책에서 뭔가 다른 아이들이 발견하지 못한 그림이나 스토리의 핵심을 파악하면 엄청 기특해하면서 또 특별한 감동 스티커를 준다. 감동 스티커는 선생님을 감동시키는 아이에게 주는 칭찬의 표현이다. 내 앞에서 덤덤한 표정으로 감동 스티커를 붙이는 고학년 남자아이들조차도 집에 가면 엄마에게 어떻게 해서 이런 특별한 감동 스티커를 받았는지 자랑한다고 한다.

책을 매개로 아이의 생각을 들어보고 아이의 생각에 관심을 보이면 무기력하게 앉아 있던 아이들이 살아나기 시작한다. 점점 자기 생각을 찾아가고 책을 읽으며 궁금증을 가지게 되고 모르는 단어를 추리해내면서 배움의 기쁨을 찾아가는 아이들을 보는 것이 너무 기쁘다.

영어를 잘하게 된 미래의 모습을 아이와 함께 그려보자

영어책을 읽으면서 스스로 내용을 이해하고 모르는 단어를 유추하며 재미를 느끼는 것 자체가 나는 대단하다고 생각한다. 생각머리를 키우면서 영어 실력도 늘게 하려면 관찰을 통해 구체적인 칭찬을 해주고, 지금 현재의 자기 모습이 아니라 미래의 성장한 자신의 모습을 그려볼 수 있도록 격려해주어야 한다.

"와아~ 이 속도로 영어 실력이 는다면, 2천 권이 되었을 때는 얼마나 영어를 잘하게 될까? 선생님이 완전 기대된다!"

"이렇게 성실하게 책을 읽어오니까, 네가 축구선수가 되면 가장 영어 잘하는 선수가 되겠는걸!"

이렇게 영어를 잘하게 된 모습을 떠올리게 해주는 격려를 한다면, 아이들은 정말 이 축복의 말대로 영어를 잘하는 어른으로 성장할 것이다. 집에서 영어책을 읽을 때 부모가 해주면 좋은 것도 적절한 칭찬이다. 영어책을 소리 내어 읽고 해석해보라고 요구하지 말고 그냥 재밌게 또는 꾸준하게 영어책을 보는 모습 자체를 칭찬해주는 것이 좋다. 그리고 내 아이가 영어를 잘하게 될 것이라고 즐거운 마음으로 기대하라. 아이는 부모가 기대한 대로 될 것이다.

3장

영어
독서에
빠뜨리기

'반복 듣기'와 '정독'으로
빈틈을 채운다

뛰어난 언어 재능을 타고난 아이들은 한글책처럼 그냥 편안하게 읽는 다독만으로도 모르는 단어의 뜻을 유추하고 문법과 파닉스까지 다 터득하기도 한다. 이런 아이들은 엄마표 영어를 하기에도 가장 좋다. 그냥 영어책을 읽었을 뿐인데 영어 실력이 쑥쑥 느는 게 보이기 때문이다. 그러나 보통 아이들은 다독만으로는 빈틈이 생길 수 있다.

커다란 통이 있다고 상상해보자. 다독이 이 통에 큰 돌을 넣는 것이라면, '시리즈 반복 듣기'는 작은 조약돌을, '정독'은 모래를 넣는 것이라고 할 수 있다. 그래서 다독으로 생기는 빈틈을 조약돌 같은 시리즈 반복 듣기와 모래 같은 정독으로 채워주는 것이다. 그러면 빈틈없이 영어 실력을 탄탄하게 쌓을 수 있게 된다.

반복 듣기로 표현력과 유추 능력을 키운다

아이가 좋아하는 영어책 시리즈 중에서 일주일에 한 권을 골라 매일 세 번 듣고, 두 번 따라 하게 한다. 매일 해야 하므로 아이가 좋아하는 시리즈를 고르는 게 좋다. 하루 이틀 만에 유창하게 읽을 수 있다면 너무 쉬운 것이고, 일주일 내내 했는데도 못 읽는다면 너무 어려운 것이다. 일주일 안에 유창하게 읽을 수 있는 정도의 난이도가 가장 적당하다.

시리즈 반복 듣기를 하면 좋은 점은 첫째, 한 시리즈 내에서 자주 사용되는 단어와 표현을 배울 수 있다. 한 작가는 습관적으로 특정한 단어나 표현을 자주 쓰기 때문에, 그 시리즈를 다 읽는 동안에 그 작가가 쓰는 특정 단어나 표현이 완전히 자기 것이 된다. 《Little Critter》시리즈에는 매 권마다 'instead(~하는 대신에)'라는 단어가 문장 끝에 등장한다. 그래서 이 시리즈를 계속 읽다 보면 이 단어를 어떤 느낌으로 어떤 상황에서 쓰면 좋은지를 저절로 습득하게 된다.

둘째, 유추 능력이 폭발한다. 반복 듣기는 모르는 단어의 뜻을 추리해내는 유추 능력을 키워주는 데 으뜸이다. 같은 시리즈를 계속 읽다 보면 처음에는 전혀 몰랐던 단어의 뜻이 점점 선명해지는 경험을 하게 된다.

각기 다른 직업을 가진 스무 가정의 감동적이고도 코믹한 스토리를 담은 《Happy Families》라는 시리즈가 있다. 이것을 시리즈 반복 듣기 책으로 선택한 아이가 있었다.

1권 《Mr Creep the Crook》과 2권 《Master Money the Millionaire》를 빌려가서 읽어온 아이에게 물었다.

"crook이 무슨 뜻인 것 같아?"

"남의 물건을 훔치는 사람요?"

"와~ 맞아. 어떻게 알았어? 사전 찾아봤어, 아님 그냥 이 책 읽고 안 거야?"

"아니요, 1권 읽을 때는 확실히 몰랐는데요. 2권을 읽고 알았어요. 이 사람이 2권에서 이 아이의 돈을 가져가거든요."

이렇게 시리즈로 책을 읽다 보면 앞에서 나온 단어가 다음 책에서 또 나오니까 아이들이 뜻을 더 잘 유추하게 되고 자연스럽게 단어를 습득하게 된다. 사전을 찾아보거나 단어 시험을 쳐서 이 'crook'이라는 단어를 배웠다면 금세 잊어버렸겠지만, 재미있는 이야기 속에서 생생하게 살아 있는 'crook'을 습득했기 때문에 더 오래오래 기억에 남는 것이다.

셋째, 영어책을 유창하게 읽을 수 있게 된다. 영어는 우리말과 달라서 한 단어 한 단어를 또박또박 발음하면 안 된다. 강하고 크게 발음하는 단어도 있고, 작게 쓱 지나가는 단어도 있다. 앞뒤 단어와 소리가 연결되는 '연음'도 있다. 이런 것들을 반복해서 듣고 따라 하다 보면 아이들도 흉내를 낼 수 있게 된다.

영어에서 유창하게 읽는다는 것은 의미 단위로 잘 끊어 읽는다는 것을 의미한다. 영어는 동사구, 전치사구 등 덩어리로 묶여 있거나 접속사로 연결된 문장도 있어서 아무 데서나 끊어 읽으며 숨을 쉬면 그 문장의 뜻을 제대로 전달할 수 없다. 문장이 두 줄 이상만 되어도 반드시 한 번 이상은 숨을 쉬어가며 읽어야 한다.

아이가 숨 쉬는 곳이 잘못되었을 때 그 문장의 해석을 시켜보면 제대로 못하는 경우가 많은데, 이것이 바로 이런 이유 때문이다. 자기도 무슨 뜻인지 모르고 읽었기 때문에 의미 단위로 끊어 읽지 못하고 아무 데서나 끊어 읽은 것이다.

나도 《엽기과학자 프래니(Franny K. Stein Mad Scientist)》 시리즈로 반복 듣기를 해봤다. 내가 이 책을 반복해서 듣는 횟수가 쌓일수록 문장의 뜻이 더욱 명료해지고, 여러 번 나오는 표현이 습득되고, 모르는 단어도 뜻을 유추할 수 있었다. CD의 원어민과 같은 속도로 유창하게 읽을 수 있게 되는 건 물론이고. 읽을 때 유창성이 떨어지는 부분은 들을 때 더 귀 기울여 듣게 되면서 연음으로 진짜 쓰윽 지나가는 부분이 어디인지도 파악할 수 있었다.

정독은 책 읽는 재미를 보태는 도우미

정독은 아이 레벨보다 더 쉬운 책으로 정확히 읽고, 해석하고, 나중에는 안 보고도 문장을 줄줄 말할 수 있어야 한다. 하지만 처음부터 외워야 통과된다는 식으로 부담을 주지는 않는다. 처음에는 편안하게 여러 번 듣고, 그다음에는 따라 읽고, 큰 소리로 읽는 연습 과정을 거치면서 문장이 저절로 외워지는 경험을 하게 해준다.

선생님의 설명이 들어가야 할 부분도 정독으로 하는 책에서는 설명을 충분히 해준다. 레벨이 높은 아이들은 책을 보고 듣기 전에 CD만 주고 받아쓰기를 바로 해오라고 하기도 한다. '정독'을 통해 다독의 빈틈을 채워주는 것이다.

다독으로 책의 재미와 습관이 잡힌 아이들은 처음에는 시리즈 반복 듣기 책을 하나 더 얹어주고, 시리즈 반복 듣기를 매일 하는 것이 충분히 습관이 잡히면 정독 책을 시작하게 한다.

아이가 읽는 모든 영어책을 시리즈 반복 듣기나 정독으로 하는 것은 좋지 않다. 혼자 생각해가며 재미있게 읽는 다독의 바탕 위에 그 빈틈을 약간 채워주는 정도가 되어야지, 이것이 주가 되면 안 된다. 모든 책을 이런 정독 식으로 하게 하면 영어책 읽는 재미가 사라지기 때문이다.

다독으로 읽는 책을 좀 더 잘 이해하면서 읽을 수 있도록 선생님이 약간 도와주는 책 읽기 방법이 시리즈 반복 듣기와 정독이다. 이것 자체가 목적이 되어서는 안 되고, 영어책의 재미에 더 푹 빠질 수 있도록 도와주는 부수적인 방법이 되어야 한다.

리딩 레벨 테스트는
정확할까?

우리나라의 대형 영어 학원이나 리딩 전문 학원에서 아이들의 영어 리딩 레벨을 측정할 때 가장 많이 쓰는 것은 앞에서도 소개한 미국 르네상스러닝사의 평가지수다. 이 회사의 평가지수에는 책의 내용을 잘 이해했는지 북퀴즈로 확인하는 AR(Accelerated Reader)과 영어 리딩 레벨을 측정하는 SR(Star Reading)이 있다. 국내 영어 학원들은 매년 르네상스러닝사에 일정한 금액을 내고 이들의 평가 방식을 사용한다. AR 지수는 문장의 길이, 어휘 수준 등을 종합하여 정해지는데, 유명한 영어 원서는 AR 지수가 매겨져 있다.

SR은 CBT(Computer Based Test) 방식으로 아이가 정답을 맞히면 그다음 문제는 더 어려워지고, 틀리면 더 쉬워지게 되어 있다. 아이가 35문제를 푸는 동안 컴퓨터가 계속 난이도를 조절하는 것이다. 그래서 점수가 2.5가 나왔다면 미국의 2학년 아이가 5개월 정도 공부한 실력이며, AR 지수 2.5 정도의 책을 읽고 이해할 수 있다고 이해하면 된다.

그러나 북 레벨은 르네상스러닝사만 정하는 것이 아니다. 예를 들어, 《매직 트리 하우스(Magic Tree House)》 1권의 북 레벨을 그 출판사는 2.0이라고 해놓았고, 르네상스러닝사는 2.6이라고 해놓았다. 이 외에도 이 레벨에는 여러 가지 변수가 작용하기 때문에 절대적으로 리딩 레벨에만 의존하면 아이가 어느 정도 수준의 영어책을 실제로 읽고 이해할 수 있는지 제대로 파악할 수 없다.

레벨 점수에 의존하지 말자

레벨 점수에 전적으로 의존해서는 안 되는 첫 번째 이유는 아이마다 성향이 달라서 문제를 온전히 다 풀었다고 가정하기가 힘들기 때문이다. 언어 영역의 문제이다 보니, 차분하고 꼼꼼하게 끝까지 35문제를 푸는 아이들의 점수가 높게 나올 수밖에 없다. 반면 시험에 지나치게 긴장하거나 35문제를 다 듣는 것이 지루해서 중간에 집중력이 떨어지는 아이들은 실제 실력보다 점수가 낮게 나올 수밖에 없다. 저학년 아이들일수록 이런 현상이 많이 발견된다.

두 번째 이유는 시험문제를 푸는 훈련이 잘된 아이들이 책만 읽다가 온 아이들보다 대체로 높은 점수가 나오기 때문이다. 주관식이 아니라 객관식 문제이기 때문에 이런 현상이 발생한다.

영어책을 한 권 읽을 때마다 북퀴즈를 풀리는 학원에 다니다 온 아이의 리딩 레벨 점수는 곧이곧대로 믿을 수 없다. 북퀴즈를 푸는 기술만 익힌 아이들이 많은 탓이다. 북퀴즈의 문제점에 대해서는 바로 다음 글에서 더 자세히 다루겠다.

학습하듯이 영어를 공부한 아이들도 점수가 높게 나오는 편인데, 절대로 그 점수대의 영어책을 읽고 이해하지 못한다. 엄마표 영어로 책을 읽다가 온 아이들은 나온 점수보다 더 높은 레벨의 책도 수월하게 이해한다. 그러니 SR 테스트를 통해 나온 점수는 그냥 참고하는 정도로만 생각하면 된다. 어떤 학원이나 엄마들은 이 리딩 레벨을 신봉하는데, 실제로 아이들에게 책을 많이 읽혀본 나로서는 리딩 레벨과 실제 실력이 차이가 나는 사례를 수없이 봐왔기에 그다지 연연하지 말라고 말씀드리고 싶다.

행간을 읽는 게 중요하다

학습하듯이 영어를 배운 아이들이 책을 제대로 이해하지 못하는 사례를 들어보겠다. 리딩 레벨 4점대 초반인 이 아이는 3점대 챕터북을 골라 읽었다.

《Horrid Henry's Birthday Party》라는 책을 읽은 아이에게 두 가지 질문을 했는데, 둘 다 제대로 대답을 못해서 한 번 더 읽어오라고 하고는 노트에 해당 질문을 적어주었다.

그런데 아이는 두 번이나 읽고도 두 번째 질문에는 답을 하지 못했다. 아이가 대답하지 못한 두 번째 내 질문은 이것이었다.

"왜 이 파티 장소를 예약할 수 없었나?"

그런데 아이는 "예약이 꽉 차서?"라고 자신 없이 대답할 뿐이었다.

이 책에서 주인공 헨리의 생일 파티를 위해 부모는 파티 장소를 예약한다. 부모는 그 장소를 빌리는 것이 너무 비싸긴 하지만, 그래도 집에서 하지 않으니 좋다고 생각한다. 주인공 헨리가 그 이름 앞에 붙은 수식어 'horrid'처럼 '끔찍하게 장난이 심하기' 때문이다.

얼마 후 그곳에서 생일 파티 주인공 아이의 이름을 확인하고자 전화가 온다. 헨리의 아버지가 '헨리'의 이름을 알려주자 전화기 너머에서 비명 소리가 들린다. 그리고 다음 장면에서 아버지는 헨리에게 네가 지난번 그 장소에 갔을 때, 기물을 파손하는 등의 여러 가지 끔찍한 짓을 했는지 하나하나 물어본다. 그리고 헨리의 생일 파티는 결국 집에서 열린다.

책에서는 파티 장소 직원이 "헨리가 지난번에 왔을 때 너무 장난을 심하게 해서 예약을 취소하겠다"라고 하는 말은 나오지 않는다. 하지만 그런 일이 일어났음을 충분히 예측할 수 있도록 스토리가 흘러가고 있다.

책을 많이 안 읽은 아이는 이렇게 행간을 읽는 능력이 전혀 개발되지 않는다. 영어책의 레벨이 올라갈수록 작가는 직접적으로 말하기보다는 행간에 독자가 추리할 여지를 남겨놓기 마련이다. 그걸 알아차리며 스토리를 음미하는 것이 책을 읽는 진정한 재미다. 그런 부분을 추리하는 동안 생각머리가 커지는 것이다. 이런 능력을 키우지 못한 아이들이 수능에서 빈칸 추론 문제를 가장 어려워하는 것은 당연한 일이다.

높은 레벨의 책일수록 수많은 '건너뜀'이 있다. 주인공의 감정을 우회적으로 표현하는 어떤 행동이나 위트 넘치는 한마디가 없이 모든 것을 직설적으로 설명한다면 무슨 재미로 책을 읽는단 말인가?

이렇게 학습하듯이 영어를 배운 아이들은 자기 리딩 레벨보다 훨씬 쉬운 책으로 이 감을 먼저 잡는 연습을 해야 한다. SR 테스트 결과 4점대 아이라도 2점대 책부터 읽는 것도 좋다. 이 감은 하나하나 설명하기가 매우 힘들다. 아이가 책을 재밌게 읽으면 저절로 길러지는 게 이 감이다. 그러면 아이도 책을 읽을 때 작가가 숨겨놓은 재미를 알아차릴 수 있게 된다. 이것은 처음부터 자기보다 어려운 레벨의 책을 읽어서는 절대 길러지지 않는 '절대 감'이다.

처음 보는 책을 읽고 이해할 수 있는 정도가 진짜 리딩 레벨이다

이런 테스트를 통하지 않고 아이의 리딩 레벨을 파악하는 방법은 의외로 간단하다. 단 이 경우에는 선생님이 그 책의 스토리 라인과 키포인트를 사전에 잘 이해하고 있어야 한다.

선생님이 먼저 아이에게 그 책의 전체 스토리를 이해하고 있는지, 핵심 포인트를 파악했는지 물어본다. 그리고 몇 문장을 읽히고 한글 해석을 시켜본다. 그러면 발음이 어떤지, 어느 정도 난이도의 단어나 표현을 읽고 이해할 수 있는지 파악할 수 있다. 이 경우에도 물론 대답을 조심스럽게 하는 내성적인 아이들은 더 못해 보이고, 틀릴지라도 일단 대답하고 보는 목소리 큰 아이들은 더 잘해 보이기도 한다.

나는 이런 방식의 체험 수업을 한 후에 아이가 그날 읽은 책을 보여주면서 아이 엄마와 바로 상담을 한다. 아이 엄마는 어떻게 배우지도 않은 처음 보는 책을 읽고 해석할 수 있겠냐며 반문하기도 한다. 하지만 영어 실력이 좋은 아이들은 처음 본 책일지라도 충분히 읽고 해석해 낸다. 그러니 처음 보는 책을 읽고 이해할 수 있는 수준이 바로 그 아이 실력인 것이다.

선생님이 지문에 나온 단어 뜻을 미리 알려주고 해석도 같이 해주어야만 지문에 대한 질문에 답할 수 있다면 그것은 선생님의 실력이지 그 아이의 실력은 아니다. 시험 범위가 정해진 영어 시험은 중학교 때가 끝이다. 그 이후의 모든 영어 시험은 난생처음 보는 영어 지문을 스스로 해결하는 과정이다. 아이의 진짜 리딩 레벨은 자기 혼자 힘으로 이해할 수 있는 영어책의 AR 지수인 것이다.

처음에는 아이들이 자기 혼자 힘으로 영어책을 읽어내는 게 어렵다고 느끼기도 하지만, 모르는 단어를 유추하는 법을 알려주면 영어책도 한글책처럼 줄줄 재밌게 읽을 수 있다는 걸 체득하게 된다. 그때에서야 아이들은 비로소 영어책 읽기의 재미를 만끽하기 시작한다. 그림이나 문맥을 통해 모르는 단어를 유추해가면서 읽다 보면 생각머리가 점점 커진다. 머리가 좋아지는 것이다. 중간에 단어를 찾아보거나 하면서 맥락이 끊어지지 않으니 온전히 영어 독서에 푹 빠질 수도 있다. 그러면 리딩 레벨은 저절로 올라간다. 이것이 바로 영어 독서의 매력이다.

북퀴즈는
꼭 필요할까?

"가장 좋은 독후 활동은 뭘까요?"

'영어책 읽기를 위한 새로운 독후 활동 제안'이라는 주제의 강연에서 연세대학교 영어영문학과 고광윤 교수가 물었다. 그 자리에 100명이 넘는 선생님들과 엄마들이 있었지만 아무도 정답을 맞히지 못했다. 고광윤 교수가 생각하는 정답은 '아이가 또다시 열광하며 읽을 수 있는 영어책을 구해주는 것'이었다.

북퀴즈나 워크북을 푸는 것도, 독후감을 쓰는 것도 아니었다. 그냥 아이가 또 재미있게 읽을 책을 구해주면 된다.

영어책을 덮게 만드는 독후 활동

영어책을 읽히는 많은 선생님과 부모들은 독후 활동에 매우 집착한다. 그중에 가장 많이 시키는 것이 북퀴즈 풀리기다. 영어책 전문 인터넷 서점에서는 영어책 시리즈를 사면 북퀴즈가 나온 워크시트를 사은품으로 제공하기도 한다. 챕터북은 한 장마다 북퀴즈가 열 개씩 있는 것도 있다. 나는 그걸 보기만 해도 숨이 턱 막힌다. 책을 읽은 후에 반드시 그 많은 북퀴즈를 풀어야 한다면 나는 차라리 책을 안 읽고 말겠다.

책을 읽을 때마다 해야 하는 북퀴즈나 독후감이 아이들을 영어책 읽기에서 오히려 멀어지게 하고 있다. 리딩 전문 학원을 다녔던 아이에게 왜 영어 독서를 싫어했냐고 물었더니 이런 대답이 돌아왔다.

"원어민 선생님이 영어책을 읽어주면요, 마음속으로 '오늘은 저게 숙제구나' 하는 생각이 들어요. 쓸 말도 없는데 자꾸 느낀 점을 써오라고 해요. 영어로 잘 쓰지도 못하는데요."

정말 이 아이는 영어로 자유롭게 쓸 수 있는 레벨이 아니었다. 이 아이에게 영어책 읽어주기는 하기 싫은 다음 숙제를 연상시키는 것이었으니 영어 독서가 좋아질 리가 없었을 것이다.

영어 독서를 시키는 대부분의 학원에서 가장 많이 시키는 북퀴즈는 르네상스러닝사의 AR이다. 이 회사의 AR은 책 한 권을 읽을 때마다 북퀴즈를 풀게 해서 내용을 제대로 이해했는지 확인한다. 이 방식은 영어책 읽기를 지도하는 선생님이 영어책을 직접 읽지 않으니 컴퓨터로 푸는 북퀴즈에 의존할 수밖에 없다. 그리고 이 방식은 역으로, 컴퓨터북퀴즈가 있으니 선생님들이 영어책을 직접 읽고 연구할 필요성을 못 느끼게 하는 이유가 된다.

북퀴즈를 맹신해선 안 되는 이유

컴퓨터로 푸는 북퀴즈의 가장 큰 맹점은 100퍼센트 객관식이라는 점이다. 나는 영어 유치원을 다니다 온 아이들의 영어 리딩 레벨 점수를 신뢰하지 않는다. 영어 유치원에서, 대개 읽는 책마다 북퀴즈를 풀리는 것을 알기 때문이다. 이 아이들은 북퀴즈를 하도 많이 풀어서 찍는 기술만 늘어 있는 경우가 많다.

한번은 아이에게 어떻게 찍는 거냐고 물어봤더니, "문제나 답이 무슨 뜻인지 몰라도 상관없어요. 책에서 본 듯한 것을 찍으면 그게 정답일 때가 많아요"라고 대답했다. 나도 객관식으로 북퀴즈를 내봤는데, 책에서 본 듯한 느낌이 들게 하면서도 정답이 아닌 보기를 여러 개 만들기가 상당히 어려웠다. 이런 영어 유치원을 보냈던 어떤 엄마는 나에게 이런 얘기도 들려주었다.

"아이가 이 책에 대한 북퀴즈를 100점 맞았는데요. 그 책에 서로 다른 세 가지 이야기가 옴니버스식으로 있다는 것 자체도 모르더라고요."

이렇게 찍어서 맞힌 것일 수 있는데도 영어 유치원에서는 북퀴즈의 70~80퍼센트 이상만 맞으면 읽기 레벨을 올려준다. 그래서 의외로 많은 아이들이 자기 실력보다 어려운 수준의 책을 읽는다. 그러면서 아이들은 왜 유독 영어 원서는 재미가 없는지 의아해한다. 제대로 이해하지 못하니 내용을 알아차릴 수 없고 스토리를 쫓아갈 수 없어 재미를 못 느끼는 것인데도, 아이들은 자기 레벨에 맞지도 않는 책으로 재미없는 독서를 계속한다. 이런 지경이니 아이들이 어떻게 작가가 숨겨놓은 재미를 온전히 발견해낼 수 있겠는가?

이런 아이들에게 한두 단계 정도 낮은 레벨의 책부터 읽히기 시작하면 영어책의 재미를 알기 시작하면서 책에 대한 몰입도가 깊어지고 영어 실력도 자연스럽게 올라가는 것을 많이 봤다.

북퀴즈는 정작 중요한 것을 묻지 않는다

한 엄마가 상담을 해왔다. 그분은 아이가 북퀴즈를 풀면 항상 거의 다 맞히기에 리딩에 대해서는 전혀 문제가 없을 거라고 안심했다가, 영어 학원에 가서 받은 레벨 테스트 결과 리딩 영역의 점수가 가장 낮게 나온 것에 충격을 받고 우리 학원을 찾은 터였다. 그분은 결과가 이렇게 나온 이유를 도무지 납득할 수 없다고 했다.

북퀴즈의 두 번째 맹점은 '왜'나 '어떻게'보다는 '무엇'을 물어보는 문제가 많다는 것이다. '무엇'을 물어보는 문제는 단순하다. 책에서 중요한 것은 주인공이 '왜' 그런 행동을 했고, '어떻게' 그 사건이 해결되었는지다. 스토리가 전개되는 과정에서 주인공이 누구를 만나고 무엇을 보고 무슨 행동을 했는지는 전체적인 스토리 라인의 이해보다는 기억력 테스트에 가까운 것이다. 전체 스토리 라인을 이해하지 못해도 지엽적인 것을 기억해낼 수 있다면 열 문제 중에 일고여덟 개는 맞힐 수도 있다.

누구나 알고 있는 신데렐라 이야기를 예로 들어보자. 나는 이 책을 읽은 아이에게 이런 질문을 던질 것이다.

"신데렐라는 왜 밤 12시가 되기 전에 무도회에서 빠져나와야 했지?"

"왕자는 신데렐라를 어떻게 다시 찾을 수 있었을까?"

이 두 가지만 물어봐도 아이가 책의 큰 흐름을 이해했는지 확인할 수 있다. 그런데 북퀴즈에서 물어보는 대부분의 질문은 이렇다.

"생쥐는 마법으로 무엇이 되었지?"

"신데렐라가 타고 간 마차는 원래 무엇이었지?"

"신데렐라를 도와서 무도회에 가게 해준 사람은 누구지?"

물론 북퀴즈가 나쁘기만 한 것은 아니다. 건성으로 책을 읽는 아이에게는 긴장감을 부여하는 역할을 충분히 할 수 있다. 하지만 답이 없는 문제를 풀도록 요구받을 4차 산업혁명 시대를 살 아이들에게 언제까지 보기에서 고르는 문제를 내고 있을 것인가? 상상력의 나래를 펼 수 있는 아이들을 사지선다에 가둬놓는 것은 객관식이 채점에 용이하고 데이터로 보여주기 편해서가 아닌가?

쉐어북퀴즈닷컴의 출범

'쉐어북퀴즈닷컴(www.sharebookquiz.com)'은 〈키즈엔리딩 리딩연구소〉가 "누구나 재미있고 즐겁게 문제 출제를 하고 북퀴즈도 풀면서 더 많이, 더 깊이 있게 책읽기를 할 수 있도록 선순환의 리딩 문화를 꽃피우고자" 만든 인터넷 공간이다. 전 세계의 누구든지 함께 이용이 가능하다.

나는 아이들이 질문을 통해 생각하기 바란다. 그래서 북퀴즈도 가능하면 주관식으로 물어보는 것이 좋다고 생각해 쉐어북퀴즈닷컴에는 주관식 문제들이 많은 비중을 차지한다. 특히 레벨이 높은 책일수록 주관식 질문이 좋다고 생각한다.

쉐어북퀴즈닷컴에는 약 500여 권의 영어책들이 올라와 있다. 모두 내가 올린 책들이다. 다른 키즈엔리딩 원장들이 올려놓은 것까지 합치면 3,000여 권 정도 된다. 르네상스러닝사의 북퀴즈는 1년에 몇백만 원을 내야 이용할 수 있고 북퀴즈도 모두 객관식이다. 반면 쉐어북퀴즈닷컴은 무료로 이용할 수 있고, 영어책 시리즈별로 정리되어 있어서 책을 찾기가 쉽다. 게다가 한국에서 주로 보는 영어책 시리즈 위주로 되어 있어서 르네상스러닝사보다 권수가 적어도 실제로는 적게 느껴지지 않을 것이다.

아이가 읽은 영어책, 선생님도 읽었을까?

아이가 책을 읽고 나면 제대로 이해했는지 확인하는 절차를 밟아야 한다. 나는 이 과정을 자연스러운 대화를 통해 확인한다. 고광윤 교수가 말한 두 번째로 좋은 독후 활동도 아이와 책에 대해 이야기를 나누는 것이었다.

아이들은 재미있는 책을 읽으면 누군가와 그것에 대해 이야기하고 싶어 한다. 우리 집 아이들도 감동 깊게 읽은 책이 있으면 나에게 가져와서 그 구절을 읽어주기도 하고 스토리를 들려주기도 한다. 내가 귀찮아해도 좀 읽어보라며 난리다.

키즈엔리딩 원장들은 신입 원장 교육 때부터 영어책을 읽어오는 것을 과제로 해야 하고, 수업 방식 자체가 영어책을 읽지 않고는 할 수 없도록 구성되어 있다. 영어 독서를 가르치는 곳은 많지만 아이들이 읽는 영어책 시리즈를 진짜 읽는 선생님들이 얼마나 될까?

키즈엔리딩에서는 일대일로 코칭할 때, 아이와 책에 대해 재밌게 대화하듯이 책 내용을 이해했는지 확인한다. 예를 들어, 나는 《Master Money the Millionaire》 책 표지를 가리키며 아이에게 이렇게 묻는다.

"얘는 너 같은 어린이네. 그런데 왜 이렇게 돈이 많아?"

"아, 그건요. 얘가 운이 좋아서 그래요. 집 앞마당을 팠는데 막 돈이 나오고 그래요."

"오호~ 얘는 이렇게 돈이 많으니까 좋은 일만 있었겠다. 사고 싶은 것도 마음대로 사고, 그치?"

"아니요. 나쁜 사람이 돈을 노려서 얘를 납치해요."

"어머, 그런 일이 있었구나. 그럼 얘는 어떻게 다시 부모에게 돌아올 수 있었어?"

"그동안 산 걸 다 팔고 해서 돈을 비밀 장소에 갖다놓았더니 나쁜 사람이 아이를 보내줬어요."

이렇게 줄줄 대답을 하는 아이는 이 시리즈를 계속 읽게 내버려두고, 내 질문에 잘 대답하지 못하는 아이는 질문을 노트에 적어주고 다시 한 번 읽게 한다. 그리고 답을 쓸 시간을 준다. 책을 건성으로 읽었을 수도 있으니 다시 읽고 생각할 기회를 주는 것이다.

만약 다시 읽었는데도 정답을 모른다면 이 책이 그 아이에게는 어려운 것이다. 따라서 좀 더 쉬운 책으로 바꾸어 읽기를 계속하도록 한다. 이해하지 못했던 책은 실력을 더 쌓아 다음 기회에 도전할 것을 제안한다. 이런 식으로 아이의 실력에 맞게 책을 읽어나가면, 아이는 몇 달 전에는 제대로 이해하지 못했던 책을 나중에 다시 읽고 이해했을 때 보람과 자신감을 맛보며 스스로 자기 실력이 진짜 늘고 있음을 실감하게 된다.

자기 레벨에 맞는 책을 읽어야 생각머리도 키우고 영어책의 재미에도 푹 빠질 수가 있다. 북퀴즈를 포함한 모든 독후 활동은 아이가 책을 더 재미있게 읽을 수 있도록 자극하는 것이 되어야 한다.

영문법도
이야기로 배운다

"이 아저씨는 동태찌개를 너무 너무 좋아했어. 미국으로 이민 온 후에도 맛있는 동태찌개를 찾아 헤맸지만 자기 입맛에 맞는 곳을 못 찾았어. 그래서 차라리 자기가 동태찌갯집을 차려야겠다고 결심했어. 얼마나 동태찌개를 좋아했냐면 아예 성도 '동태'로 바꿀 정도였어. 아들 둘이 있었는데, 큰아들은 '능동태', 작은아들은 '수동태'가 되었지. 미국은 성이 뒤에 오잖아.

이 아저씨가 개운하고 얼큰한 동태찌개를 끓이기 위해 얼마나 연구를 했는지, 캘리포니아의 맛집이 됐어. 이제는 한국인들뿐만 아니라 미국인들도 즐겨 찾는 아주 유명한 곳이 됐지. 아저씨도 개인 제트기를 소유할 정도로 부자가 됐고. 너희도 캘리포니아 가면 여길 한번 꼭 가봐."

캘리포니아의 동태찌갯집은 누가 물려받았을까?

나의 자연스러운 이야기 실력 덕분에⑦ 아이들은 캘리포니아에 진짜 이 동태찌갯집이 있는 줄 안다. 나는 대개 4학년부터 영문법을 가르치는데, 동태찌갯집 이야기를 할 때마다 푹 빠져들어 듣고 있는 아이들을 보고 있으면, 그 표정이 얼마나 진지한지 속으로 웃음을 간신히 참곤 한다.

"그런데 이제 이 아저씨도 나이가 들어서 아들 둘 중에 한 명에게 이 가업을 물려주려고 고민했지. 누가 더 동태가게를 잘 운영할 수 있을지 생각했어. 큰아들 '능'과 작은아들 '수'는 정말 성격도 다르고 말투도 달랐거든. '능'은 'I broke the base'라고 평범하게 말하는 반면, '수'는 'The base was broken by me'라고 말하는 거야. 정말 다른 형제지?"

그러면서 능동태와 수동태 예문을 아이들과 함께 많이 만들어본다. 수업이 끝나갈 즈음에는 이런 질문을 던진다.

"너라면 '능동태'와 '수동태' 중에서 누구에게 이 가업을 물려주겠어? 그리고 그 이유는?"

이 질문에 대한 아이들의 대답은 매우 독창적이고 기발하다. 아이들은 끝에 가서 동태 아저씨가 누구한테 결국 가업을 물려주기로 했냐며 궁금해한다.

"누구한테 이 맛집을 물려줬냐면…… 어? 시간이 다 됐네. 다음 시간에 알려줄게."

궁금증이 최고조에 달할 때 드라마가 끝나는 것처럼, 스토리를 한 번에 다 들려주지 않고 다음 수업을 고대하게 만든다.

지겨운 영문법도 스토리로 익힌다

리딩 수업만 하다가 30분간 영문법 수업을 더 한다고 하자 아이들은 대부분 좋아하지 않았다. 그중에는 첫 수업을 했을 때, "영문법 지겨운데……"라며 혼잣말을 하는 아이도 있었다.

하지만 스토리 영문법 빌딩에 한명 한명 입주해 들어오는 주어, 동사, 명사, 형용사, 부사의 이야기에 빠져서 그런 불평은 어느새 사라졌다. 아이들은 어렵고 딱딱한 영문법 용어로 이것을 접하는 것이 아니라, 아이 여덟 명을 혼자 키우는 '주어', 가수의 꿈을 안고 북한을 탈출해 온 '명사', 꼬치꼬치 캐묻기 좋아하는 '부사'네 가족 이야기로 접한다. 그리고 재미있는 게임과 활동으로 영문법을 익히고, 각 층마다 있는 네 개의 방을 통해서 긍정문, 부정문, 의문문, 의문사가 있는 의문문의 영작을 연습한다.

친구에게 영문법을 설명해주는 '하부루타'식 '선생님 놀이' 수업도 한다. 유대인들은 "말로 설명할 수 없으면 모르는 것이다"라는 말이 있을 정도로 토론식 수업에 익숙하다. 선생님에게 일방적으로 듣는 수업은 자신이 뭘 모르는지 아는지 알 수가 없다. 들을 때는 아는 것 같아도 스스로 혼자 해보려고 하면 모를 때가 많다.

그래서 영문법 수업에 하부루타 방식을 도입했다. 짝을 지어서 서로에게 배웠던 영문법을 맵을 그려서 설명하게 한다. 이렇게 하면 아이들은 최고로 잘 배운다. 이 수업을 서로에게 할 때 교실을 돌아다녀 보면, 아이들이 어떤 부분을 헷갈려 하는지 아주 명확히 파악할 수 있다.

이런 '선생님 놀이'가 끝나면 다음 시간에는 자기 스스로 정리하는 스토리 맵을 그리게 한다. 칠판에는 아무것도 없다. 아이들은 각자의 방식으로 맵을 그리기 때문에 각자 다른 디자인의 영문법 맵이 나온다.

어떤 아이들은 집에 가서 엄마, 아빠에게 이런 영문법 스토리를 재미나게 들려주기도 한다. 졸업한 아이들은 중학교에 가서 친구들에게 여기서 배운 스토리로 영문법을 설명해주었다며 그 경험담을 카톡으로 보내오기도 했다.

"친구들이 제가 설명한 '부사'가 학교 영어 선생님이 가르쳐준 것보다 더 알아듣기 쉽고 재미있대요. 정말 끝내주었어요."

졸업생의 카톡으로 그날 하루의 내 기분도 끝내주었다.

영문법의 1층에서 10층까지 스토리텔링으로 가르친다

우리나라 학제에는 중학교 과정에서 영문법이 등장한다. 영문법 용어를 알아야 하는 것은 물론이고 각각의 쓰임새도 알 필요가 있다. 그런데 문법을 처음 시작하는 아이들은 'kind'라는 단어가 명사인지 동사인지 형용사인지조차 잘 구별하지 못한다. 따라서 스토리 영문법을 통해 가르칠 때에는 1층의 주어와 동사에서 8층의 부사까지 그 기본 개념만 가르쳐준다. 명사가 이름이라는 것, 동사가 주어의 행동을 나타내는 말이라는 것, 형용사가 명사를 꾸며주는 역할을 한다는 것 정도만 알려주고 시작한다.

그리고 다시 1층으로 내려가 복습하고 올라오면서 9층의 to 부정사와 동명사를 알려준다. 동사가 다른 형태로 쓰이는 것을 이해하기가 쉽지 않기 때문이다. 그다음에 다시 또 1층으로 내려가 심화 부분을 알려준다. 명사라면 셀 수 있는 명사와 셀 수 없는 명사, 형용사라면 비교급, 최상급 등을 알려주는 식이다.

이렇게 차근차근 영문법을 하려면 하나의 문장을 이루는 기본 요소를 배우는 파트 1 교재를 끝내는 데에 평균 1년이 넘게 걸린다. 가정법, 관계대명사처럼 문장과 문장을 연결하는 복문이나 좀 더 어려운 영문법은 파트 2 교재에서 배우는데, 그것도 평균 1년이 걸린다.

다른 곳에서는 방학 특강으로도 한두 달에 영문법 책을 끝내는데, 여기서는 왜 이렇게 오래 걸리느냐고 반문하는 엄마들이 있다. 그러면 나는 웃으면서 "그건 선생님이 혼자 끝내는 거겠지요"라고 대답한다. 영문법 규칙 하나를 배우고 문제를 바로 풀면 다 아는 것 같다. 하지만 이런저런 영문법 규칙이 섞이면 대혼란이 시작된다.

똑같은 것을 여러 번 반복해서 배우고, 친구에게 설명할 수도 있고, 영작도 서로 다른 영문법을 마구 섞어서 해봐야 완전히 자기 것으로 소화할 수 있게 된다.

키즈엔리딩의 원장들은 이 영문법을 완전히 자기 것으로 소화해서 남 앞에서 설명하는 훈련을 철저히 한다. 10개 층을 안 보고 줄줄 설명할 수 있어야 'SM(스토리영문법 마스터)' 타이틀을 달 수 있다. 중고등 입시에 오래 있어서 영문법을 잘 알고 있는 원장들도 초등학생의 눈높이에 맞게 재미있는 스토리텔링을 할 수 없으면 합격할 때까지 계속 연습해야 한다.

나도 영문법을 다른 식으로 많이 가르쳐봤지만, 초등학생에게 이렇게 재미있게 영문법을 가르치는 곳은 키즈엔리딩밖에 없다고 생각한다. 이렇게 재미있게 배운 영문법을 통해 아이들은 더 어려운 책을 읽고 이해하게 되며, 어법에 맞는 글쓰기와 말하기를 할 수 있게 된다.

리딩으로 체화되면 자유자재로 쓸 수 있다

그러나 영문법을 친구에게 설명할 수 있을 정도로 안다고 해도, 어법에 맞는 글쓰기와 말하기가 자연스럽게 되기 위해서는 체화되는 과정이 있어야 한다.

영문법을 머리로 이해했으면, 마치 운동을 몸에 익히듯이 좋은 영어 문장을 수없이 접하고 사용해봐서 몸으로 익혀야 한다. 자유형 하는 법을 설명들었다고 바로 25미터를 헤엄쳐갈 수 없듯이, 영문법을 배웠다고 어법에 맞는 문장이 저절로 나오는 것은 아니다.

게다가 영문법은 수단일 뿐 목적이 아니다. 물론 중학교까지는 내신에서 영문법 시험문제가 나오지만 수능에서 영문법 문제는 한 문제 정도로 줄어들었다. 문법적으로 틀린 문장을 찾아내는 것도 영문법을 깊이 연구하기보다는 좋은 영어 문장을 많이 접하는 것으로 정답을 맞힐 수 있다. 문법적으로 맞는 영어 글을 아주 많이 본 사람은 그냥 직관적으로 이상한 점을 찾아낼 수 있는 것이다.

언어 재능이 뛰어나고 영어책을 많이 읽은 아이들은 영문법을 따로 배우지 않아도 문법에 맞는 라이팅을 한다. 한국인인 우리가 국문법을 힘들게 배우지 않아도 말하고 쓰고 하는 데 불편함이 별로 없는 것처럼 말이다.

키즈엔리딩의 스토리 영문법은 아이들이 영어 독서를 통해 많이 접한 영어 문장들의 규칙을 재미있는 이야기로 정리해주는 것이다. 영문법에 맞는 영어 문장을 이미 많이 읽은 아이들은 영문법을 그렇게 어려워하지 않는다. '아아~~ 그래서 이렇게 썼던 거구나'라고 깨달을 수 있도록 도와주는 것뿐이기 때문이다.

묵독의 즐거움을
만난다

영어를 처음 시작하는 기초 단계에서는 CD를 들으면서 영어책을 봐야 한다. 그래야 정확한 발음과 억양, 강세 등을 익히면서 소리와 문자를 조합할 수 있다. CD를 들으면서 영어책을 보는 것만으로도 자음의 소리 정도는 대부분 터득할 수 있다. 한글을 스스로 일찍 뗀 아이라면 문자와 소리의 조합을 잘 파악하는 능력이 있다고 봐도 된다.

그러니 기초 단계에서부터 CD 없이 책만 보는 것은 영어의 정확한 발음을 익힐 수 있는 기회를 놓치는 것이다. 요즘 영어책의 CD는 그 효과음과 성우들의 목소리 연기만으로도 책에 푹 빠질 수 있는 매력이 있다. 그런 장점을 다 놓치고 기초 단계에서부터 소리 내지 않고 읽는 묵독을 하는 것은 바람직하지 않다. 기초 단계에서는 반드시 CD를 들으면서 발음을 익혀야 한다. 너무 일찍부터 귀찮다고 묵독을 하면, 발음이 안 좋아진다.

CD에서 독립해야 하는 이유

그러나 언젠가는 결국 CD에서 독립해야 한다. 그 이유는 크게 다음 두 가지다.

첫째, CD 없이 눈으로만 읽는 묵독이 더 편하고 재미있다. 우리가 한글책을 읽으면서 CD를 듣지 않고 눈으로만 읽듯이 영어책도 레벨이 계속 올라가다 보면 묵독이 더 편하다는 걸 알게 된다. 자연스럽게 점점 CD와 멀어지게 되는 것이다. 보통 AR 3~4점대 이상이 되는 아이들은 더 이상 CD로 듣고 싶어 하지 않는다.

레벨이 높은 책일수록 CD 속도가 상당히 빠르다. 그런데 레벨이 높은 책일수록 잠깐 멈추어서 곰곰이 생각할 시간이 필요한 부분이 더 많아진다. 그러니 CD가 휙 지나가며 읽어주는 것이 이제는 오히려 방해처럼 느껴지기도 한다. 묵독은 읽던 것을 잠깐 멈추고 음미할 시간을 내 마음대로 조절할 수 있기 때문에 더 깊게 영어 독서에 빠질 수 있다.

둘째, 높은 레벨의 책들은 CD를 구하기가 어렵거나 너무 비싸다. 영어책 레벨이 챕터북을 넘어 청소년 소설로만 넘어가도 CD를 구하기가 힘들어진다. 《해리포터(Harry Potter)》 같은 유명한 시리즈 외에는 CD가 아예 나오지 않는 책들이 훨씬 더 많고, 있다고 해도 책에 비해 너무 비싸다.

레벨이 높은 책의 CD를 구하기 위해 애쓰는 엄마들을 본 적이 있는

데, 나는 별로 그럴 필요가 없다고 생각한다. CD 없이 그 레벨의 책을 읽지 못한다면 아직 그만 한 실력이 아닌 것이니 굳이 CD까지 구해서 읽을 필요는 없다고 생각하기 때문이다. 이런 경우에는 차라리 더 낮은 레벨의 책을 읽어서 실력을 쌓는 것이 낫다.

미국은 장거리 운전을 하게 되는 경우가 많아서 오디오북에 대한 수요가 많다. 그래서 소설책도 유명한 것은 CD를 구할 수 있다. 한번은 나도 재미있게 읽었던 소설책의 오디오북을 비싸게 주고 구입한 적이 있는데 크게 실망하고 말았다. 내가 눈으로 읽으면서 상상한 주인공의 목소리와 너무 달랐던 것이다. 도저히 동일 인물의 목소리라고 느껴지지가 않았다. 게다가 그 긴 소설을 다 CD로 녹음하기에는 너무 많았는지 축약본이었다. 내가 중요하다고 생각했던 장면들이 오디오북에서는 편집되고 없었다. 책과 함께 들으려고도 했는데, 막 생략되어 넘어갈 때도 있어서 어디를 읽어주는지 다시 찾아야 했다.

영어 소설의 오디오북 중에는 'abbreviated(축약된)'이라고 쓰인 축약본이 많으니 구입하려는 사람은 주의해야 한다. 그 후로 나는 영어 소설은 그냥 다 묵독으로만 읽는다. 페이퍼백(paperback)은 몇천 원이면 살 수 있어서 오히려 우리나라 소설책보다 더 싸다.

어떻게 독립하면 좋을까?

대여섯 줄 정도의 글밥을 가진 영어책을 이해하며 읽을 수 있을 때부터는 한두 줄 정도의 영어책은 묵독으로 가끔씩 읽어보는 게 필요하다. 그래서 나는 일부러 아이들에게는 현재 레벨보다 쉽고 재미있는 묵독용 책을 한두 권씩 빌려준다. 학원에서도 헤드셋을 끼지 않고 듣도록 허락하기도 한다.

CD가 없어도 읽고 싶을 만한 재미있는 영어책 시리즈는 아주 많다. 그러나 챕터북을 읽을 때까지도 CD로만 책을 들었던 아이들은 CD 없이 영어책을 읽는다는 것 자체를 두려워한다. CD 없이는 아예 영어책을 읽으려고 하지 않는 아이도 많다. 그만큼 CD에 매여 있는 것이다. 특히 영어도서관식 리딩 전문 학원에서 모든 책을 CD로만 듣던 아이들이 이런 증상을 많이 보인다.

나는 그런 아이들에게는 아이가 현재 CD와 함께 읽는 책보다는 훨씬 쉽고 재미있는 묵독용 영어책을 추천한다. 아이 수준에서는 훨씬 쉬운 책이므로 아이는 CD 없이 읽을 용기를 낸다. 그리고 그 책의 재미에 빠져서 CD 없이 그 시리즈를 모두 읽는다. 그렇게 묵독용 책의 레벨을 조금씩 올려서 결국은 CD 없이도 영어책을 읽을 수 있음을 알게 해주면 아이는 그다음부터는 묵독으로 자연스럽게 옮겨간다.

여기서 주의할 것은, 아이들에게 CD의 속도가 매우 중요하다는 사실이다. 눈으로 읽는 속도와 CD가 읽어주는 속도가 맞아야 한다. 눈으로 읽는 속도보다 CD가 읽어주는 속도가 너무 느리면 그다음 내용이 궁금해서 눈은 이미 CD를 앞질러 가서 읽고 있기 쉽다. 그러니 CD가 들릴 리가 없다. 눈으로 읽는 속도보다 느린 CD를 들으면서 책을 보기는 힘들다. 매우 답답하기 때문이다. 아이가 이런 어려움을 호소하면 그냥 CD 없이 묵독하라고 하는 게 좋다. CD의 속도는 보통 난이도에 비례하지만, 항상 그런 것은 아니다.

한 가지 예를 들어보겠다. 둘 다 작가가 직접 읽어주는 영어책이 있다. 《로버트 먼치(Robert Munch)》 시리즈와 《매직 트리 하우스》 시리즈다. 《로버트 먼치》 시리즈가 더 쉬운 레벨인데, 이 작가는 굉장히 빨리 책을 읽는다. 반면 챕터북인 《매직 트리 하우스》의 작가는 아주 천천히 책을 읽어준다. 그래서 레벨과 상관없이 아이가 CD 속도에 불편을 호소하면 들어줘야 한다. 너무 빠르다고 하면 느린 속도의 영어책 시리즈로 바꿔주고, 너무 느리다고 하면 눈으로만 읽게 하는 것이 좋다.

나는 초등학교를 졸업할 즈음에는 AR 4점대는 넘어야 한다고 생각한다. 5점대를 넘는 것을 목표로 하면 더 좋다. 그래야 중고등학생 때, 청소년 소설부터 시작해서 여가시간에 영어 소설책을 한글책처럼 줄줄 읽을 수 있는 실력이 되기 때문이다. 그러면 특별히 머리 싸매고 영어 공부를 하지 않아도 영어 실력을 계속 업그레이드할 수 있다.

CD를 독립해야 아무 때나 영어책을 펼쳐 들고 읽을 수 있게 된다. 집에서도 그냥 아무 데서나 펴들고 읽을 수 있고, 지하철에서나 약속 장소에 먼저 도착했을 때에도 읽을 수 있다. 휴가를 갈 때에도 한두 권 여행 가방에 넣어갈 수도 있다. 중고등학생 때부터 자투리 시간이나 여가 시간에 이런 영어 소설을 읽으려면 결국은 CD에서 독립해야 한다.

번역서보다 훨씬 재미있는
원서에 재미 붙이기

나는 영어책을 이해하면서 읽고 있는 건지 확인하기 위해 책 내용에 대해 대화를 나누는 방식으로 수업을 한다. 책 표지는 아이들과 대화를 나누기에 유용한 재료다. 일례로 《엽기과학자 프래니(Franny K. Stein Mad Scientist)》 시리즈 중에서 한 권의 표지를 가리키며 이렇게 묻는다.

"어?! 왜 프래니가 이렇게 투명인간이 됐어?"

이런 질문을 한두 개만 해보면 아이가 책을 제대로 이해했는지 아닌지 금세 파악할 수 있다. 굳이 북퀴즈를 풀게 할 필요도 없다.

그런데 이 시리즈의 경우 나는 대체로 책 내용을 묻지 않는다. AR 4점대의 챕터북인 프래니 시리즈는 영어로 읽기 전에 한글로 이미 읽은 아이들이 대부분이기 때문이다. 내용을 물어봐서 대답을 한다 해도 한글로 읽은 적이 있어서 아는 것인지, 이번에 영어로 읽고 아는 것인지 구별할 수가 없다.

프랑켄슈타인과 '프래니 케이 스테인'을 아는 재미

모든 책은 원서로 읽는 것이 가장 재미있다. 프래니 시리즈는 책 제목부터가 벌써 웃기다. 'Franny K. Stein Mad Scientist'라고 쓰여 있으면 대번에 프랑켄슈타인을 떠올릴 수 있다. 프랑켄슈타인과 '프래니 케이 스테인(Franny K. Stein)', 이 얼마나 비슷한가?

그러나 한글로 번역된 《엽기과학자 프래니》에서는 작가가 제목에서 의도한 그런 재미를 찾을 수 없다. 게다가 이것을 다시 확인이라도 해주듯 프래니 시리즈 1권에서 프래니는 햄과 소시지를 꿰매어 붙여서 햄 괴물을 만드는데, 그 생김새가 딱 프랑켄슈타인이다. 한글 번역서가 올 컬러 삽화를 넣었다고 해도, 영어 문장이 주는 작가의 '깨알' 재미를 다 담기는 어렵다. 이런 영어 원서가 주는 재미를 놓치는 게 정말 안타깝다.

우리 아이들을 데리고 동네 도서관에 가면 이런 유명한 영어책 시리즈의 번역본은 절대 빌리지 못하게 한다. 아이들은 아쉬워하지만, 영어 원서로 읽으면 열 배는 더 재미있다고 설득한다. 그리고 아이들이 보고 싶어 했던 책을 영어 원서로 사준다.

나는 엄마들에게도 한글책 읽힐 때 영어 번역서는 읽히지 말라고 한다. 그 아이가 정작 그걸 읽을 수 있는 영어 실력이 되었을 때 한글로 그 책을 읽었으면 안 읽으려고 하는 경우가 대부분이기 때문이다. 이야기의 결말을 다 아는데 누가 읽고 싶겠는가?

우리나라에 《마법의 시간 여행》으로 번역된 메리 폽 어즈번(Mary Pope Osborne) 작가의 《Magic Tree House》를 아들은 1권부터 48권까지 재밌게 읽었는데, 한글책으로 읽었던 딸은 영어책으로는 안 읽겠다고 했다. 그렇게 아이들이 열광한다는 《Percy Jackson》 시리즈도 남편이나 없는 사이에 아들에게 영화로 보여줬더니 영어책으로 안 읽겠다고 했다. 스토리를 다 알아서 재미없단다.

번역본보다 열 배는 재미있는 《Flipped》의 매력

웬들린 밴 드라닌(Wendelin Van Draanen) 작가의 청소년 소설 《플립(Flipped)》은 영화는 영화대로, 책은 책대로의 다른 매력이 있었던 책이다. 초등 고학년 여자아이들에게도 이 책을 추천했더니 굉장히 재미있다며 비슷한 책을 또 추천해달라고 했다.

나 또한 영화로 여러 번 보고 책을 봤는데, 영화에는 나오지 않는 마음을 울리는 대사가 많았다. 책 맨 뒤에는 저자와의 인터뷰가 실려 있는데, 그녀가 이 책을 쓴 이유가 나온다. 저자는 학교 교사로 있을 때 아이들이 외모만 보고 사랑에 빠지는 걸 안타깝게 생각하고 이 소설을 썼다고 한다.

'Flipped'는 '반했다'는 뜻이다. 초등학교 2학년 때 근처로 이사 온 브라이스에게 줄리는 바로 반해버린다. 브라이스는 수업 시간에 뒷자리에 앉아 몰래 자신의 냄새를 맡는 줄리가 불편하기만 하다. 이 책의 매력은 같은 사건을 브라이스와 줄리의 입장에서 번갈아가며 서술하는 데에 있다. 줄리는 수업 시간에 자신이 브라이스의 냄새를 맡는 것을 그가 이미 알고 있다는 것도 모른 채, 그에게는 watermelon(수박) 냄새가 난다고 표현한다. 그러나 한글말 '수박 냄새'라는 표현에서는 영어 'watermelon'이 주는 상쾌하고 신선한 느낌이 왠지 사라진다. 이제는 중학생이 된 줄리와 브라이스의 엇갈리는 사랑 이야기가 흥미진진하다.

It was like looking into the sun, though, and I had to turn away.

- Wendelin Van Draanen, 《Flipped》, Randomhouse, 2010, p. 116

태양을 바라보고 있는 것만 같아서 고개를 돌려야 했다.

- 웬들린 밴 드라닌, 《플립》, 푸른책들, 2017, 153쪽

이 구절에서는 줄리가 브라이스를 볼 때의 마음을 보여준다. 그를 바라보면 너무 눈이 부셔서 태양을 보는 것 같다는 표현. 사랑에 빠진 소녀의 마음을 이렇게나 잘 묘사할 수 있을까? 그러나 그런 그의 외모에서 느끼는 매력을 뒤로하고 이제는 그에 대한 마음을 내려놓기 시작하는 줄리의 심경의 변화를 위 문장에서는 느낄 수 있다. 눈부신 그의 외모 너머에 있는 진짜 그는 어떤 사람일까에 대해 이제 그녀는 고민하기 시작한다. '~이긴 하지만'의 뜻을 가진 'though'가 주는 여운에서 그녀의 갈등이 느껴진다. 이 미세한 영어 한 단어 한 단어가 주는 뉘앙스를

어떻게 한글로 쉽게 번역할 수 있을까?

이 책의 에센스라 할 수 있는 브라이스 할아버지의 대사는 한글 번역과 동시에 그 의미를 잃어버린 것만 같다.

> Some of us get dipped in flat, some in satin, some in gloss······ But every once in a while you find someone who's iridescent, and when you do, nothing will ever compare.
>
> — 《Flipped》, p. 96

이 부분을 한글 번역서는 이렇게 옮기고 있다.

> 어떤 사람들은 집에, 어떤 사람은 옷에, 어떤 사람은 겉치장에 몰두하지······ 그러나 누구나 일생에서 단 한 번 무지개 빛깔을 내는 사람을 만난단다. 그런 사람을 발견하면 세상 그 무엇과도 바꿀 수 없게 되지.
>
> — 《플립》, 128쪽

나는 이 번역에 동의할 수 없다. 물론 'flat'이라는 단어가 영국에서는 '아파트'라는 뜻으로 많이 쓰이긴 하지만 작가는 미국인이다. 할아버지가 얘기한 'flat', 'satin', 'gloss'는 사람을 묘사하는 좀 더 철학적인 비유가 들어간 표현이라고 생각한다. 우리가 살다 보면 평범하고 지루한 사람도 만나고(flat), 공단처럼 기품 있는 사람도 만나고(satin), 심지어는 광택이 나는 멋진 사람도 만나지만(gloss), 볼 때마다 색다른 매력을 발산하는 무지갯빛을 내는 사람(iridescent)을 만나면 세상 그 어떤 것과도 비교할 수 없다고 말이다.

할아버지가 발견한 줄리의 매력이 바로 이것이다. 예쁘지는 않지만 자기만의 개성과 주관이 있는 줄리를 'iridescent(볼 때마다 색이 변하는, 무지갯빛의)'라는 단어로 묘사하고 있다. 나는 이 대사에 완전히 매료되어서 내가 영어 독서 공부방을 오픈했을 때 이름을 '무지개빛 영어도서관(Iridescent English Library)'이라고 지었을 정도였다.

원서 읽기가 휴식이 되는 아이들

《Flipped》에 나오는 위와 같은 문장들은 영어 그대로 읽었을 때 가장 큰 감동을 준다. 번역된 문장은 이미 한번 냉동실에 들어갔다가 해동시킨 고기처럼 그 맛이 다르다. 나는 아이들이 이런 영어 원서의 재미를 제대로 느끼며 책을 읽기를 바란다. 이런 재미를 알면 독서의 재미도 열 배, 인생도 열 배 재미있게 살 수 있다고 단언한다. 영어로 된 수많은 책들, 정보들이 넘쳐나고 있다. 그걸 그 자체로 읽을 수 있다면 영어의 재미에 푹 빠져서 영어 실력은 저절로 늘 것이다.

나는 초등학생들을 가르치면서 꿈꾸는 것이 한 가지 있다. 그것은 아이들이 수학 문제를 풀다가 지쳤을 때, 조금은 쉬는 기분으로 영어 소설을 읽을 수 있도록 가르치는 것이다. 휴식이 되면서 동시에 공부가 되는 일석이조의 원서 읽기. 인생을 열 배로 즐기는 아주 좋은 방법이다.

나는 저녁을 먹고 나면 책을 읽는다. 새로운 영감도 얻고 재미도 느끼며 동시에 휴식도 된다. 내 노트북 바탕화면은 어느 한적한 해변가에 비치 의자가 하나 놓여 있는 사진이다. 거기에 앉아 영어 소설책을 읽는 나를 상상한다. 내가 누리고 싶은 최고의 휴식이다. 책을 읽는 것이 최고의 휴식이라고 느끼는 아이들을 많이 길러내고 싶다.

많이 읽으면
잘 쓰게 된다

나는 초등학생에게 라이팅을 성급하게 시키려는 어른들을 보면 이솝 우화 《황금알을 낳는 거위》가 떠오른다. 때가 되면 알을 낳을 텐데 조급하게 욕심을 부리려다가 그 귀한 거위를 죽이는 어리석은 농부 이야기 말이다.

읽는 게 먼저다

영어로 된 글을 많이 읽지 않은 아이가 영어로 글을 쓰기란 매우 어렵다. 그런데 지금의 영어 학원들은 이런 방식을 아이들에게 강요한다. 안 되는 글을 쓰게 하려다 보니 이런저런 여러 방법을 자꾸 고안해 낼 수밖에 없다.

학원들이 다양한 방법을 쓰는 것이 나쁘다는 것은 아니다. 하지만 순서가 잘못되었다. 라이팅을 더 잘하게 하고 싶다면 라이팅을 훈련시키기보다 좋은 영어책을 많이 읽히는 게 먼저다. 라이팅에 조급해하는 모든 엄마들, 영어 선생님들에게 정말 묻고 싶다. 무엇이 그리 급한가? 누구에게 그렇게 보여주고 싶은가? 정작 영어로 글을 써야 하는 아이가 어떤 느낌일지 생각해보았나? 빨리 결과를 내고 싶어 하는 어른들 때문에 라이팅이라면 질색을 하는 아이들이 점점 늘어나고 있다.

글을 쓴다는 것은 자기 안의 지식을 정리, 표출하는 고도의 활동이다. 하지만 그것이 무조건 어렵거나 힘든 일인 것은 아니다. 오히려 엉킨 감정을 정돈하고, 감동의 순간을 기록하며, 기발한 아이디어를 글로써 전달하고, 생각을 더 깊게 정리하는 과정에서 기쁨과 만족을 느끼기도 한다. 그러나 많은 아이들이 이런 글쓰기의 기쁨을 온전히 누리지 못하고 있다. 어른들의 조급함 때문이다.

아이들의 머릿속에는 자유자재로 자기가 쓰고 싶은 말을 쓸 정도의 영어 문장 재료들이 채워지지 않았다. 냉장고에 필요한 재료도 제대로 없는 상태에서 남편이 멋진 요리를 만들어내라고 요구한다면 얼마나 당혹스러울까?

영어로 된 좋은 문장을 많이, 아주 많이 충분히 읽으면 좋은 글을 쓸 수 있다. 컵에 계속 물을 부으면 언젠가는 넘쳐흐르듯이, 리딩에 대한 인풋이 충분해서 차고 넘치면 라이팅은 쉽고 즐거운 것이 된다. 그러나 그런 인풋이 아직 충분하지 않은 상태에서 빨리 라이팅을 시키려고 패턴에 따라 글쓰기 훈련을 시키면 당장은 조금 뭔가 쓰는 것처럼 보여도 그렇게 배워서 쓴 라이팅은 독자의 마음을 사로잡는 글이 되지 못한다. 글이 그냥 평범하고 뻔하고 지루하다. 그런 글들을 많이 읽어봤는데, 정말 끝까지 읽고 싶지가 않았다.

타인의 행동을 이끌어내는 글이 좋은 글이다

《타임(Time)》지에서 나온 어린이용 영어잡지 《Time for Kids(타임포키즈)》로 수업을 하다가 재미있는 기사를 발견했다. 2016년 9월 미국 워싱턴 D.C.에 흑인 박물관이 오픈했다는 소식이었다. 그곳에는 유명한 미국의 흑인이 기증한 물건들도 전시되어 있다고 한다. 유명한 권투 선수 무하마드 알리(Muhammad Ali)가 1960년 올림픽에서 금메달을 딸 때 착용했던 '머리 보호대'라든가, 목숨을 걸고 남부의 흑인들을 탈출시킨 해리엇 터브먼(Harriet Tubman)의 '레이스 숄' 같은 것들이 사진과 함께 기사로 나와 있었다.

이 기사 말미에 흥미로운 질문이 있었는데, "만약 너의 삶을 나타낼 수 있는 하나의 물건을 고른다면, 무엇을 고르겠느냐?"는 것이었다. 흥미로운 주제라는 생각에, 3년간 영어책을 읽어왔던 6학년 아이들에게 이 질문에 대해서 라이팅을 해오라는 과제를 내주었다.

그중 한 아이가 쓴 글이 아주 흥미로웠다. 아이가 고른 것은 수영복이었다. 아이는 그 이유를 글에 차분히 풀어갔는데, 글에서는 어렸을 때부터 해온 수영에 대한 애정이 듬뿍 묻어 나왔다. 수영장에서 친구들과 시합했을 때의 긴장감과 재미, 수영을 끝내고 샤워할 때의 개운함 등이 그 아이가 자신을 나타낼 만한 물건으로 '수영복'을 고른 이유였다.

아이의 글을 읽자, 자연스레 나 역시 그 아이처럼 수영을 배워보고 싶다는 생각이 들었다. 그 글은 읽는 이를 사로잡는 매력이 있었다. 한 쪽짜리 글에서 그 아이는 수영에 대한 매력을 독자에게 어필하는 데 성공한 셈이다. 아이에게 이 글을 쓰는 데 얼마나 걸렸냐고 물어보았다. 아이는 30분 정도 걸렸다고 했다. 그리고 그 시간 동안, 아이는 글 쓰는 게 너무 재미있었다고 했다.

웃음이 빵 터지고 말았다

내가 읽은 또 하나의 흥미로운 글은 우리 아들이 이면지에 쓴 것이었다. 과제로 내준 적도 없는데 그냥 집에서 심심해서 써봤다며 읽어주었다.

"My brother is crazy, mad, useless, unstoppable, rude, weird, not kind. I hate my brother. I want him to go away. Oh! I hate my brother……."

이렇게 시작하는 글은 작은 글씨로 A4 사이즈 한 페이지를 빽빽하게 채웠다. 잘난 척하는 오빠가 너무 싫어서 자기는 일찍 죽을 것 같다고 한탄하는 여동생의 시점으로 쓴 글이었다. 즉, 딸이 아니라 아들이 쓴 글이었다.

그런데 아들이 킥킥거리며 읽어주는 글을 듣다가 내가 빵 터진 부분이 있다. 오빠 때문에 자기 인생은 망했다며 어떻게 이 일을 해결해야 할지 모르겠다고 고민하다가, 결국 맨 끝에 가서 오빠에게 물어봐야겠다고 하는 대목에서다. 잘난 척하는 오빠가 싫다고 하면서도 오빠에게 물어보면 이 문제를 해결할 수 있겠다고 좋아하는 부분을 들었을 때 나는 깔깔거리며 웃고, 딸은 "아니야!!!!"라며 비명을 질렀다.

우리 아들이 쓴 글의 특징은 '자발적'이라는 것이다. 아무도 시키지 않았는데 아이디어가 떠올라서 그냥 라이팅을 한 것이다. 이런 '자발적' 라이팅을 나는 수업 시간에도 경험했다.

자발적인 라이팅의 힘

한 시간 리딩 수업 후에 30분간 스토리 영문법을 더 하는 반이 있다. 그 반 아이들이 현재진행형을 배우고 있을 때였다. 나는 그림과 단어 몇 개만 간간이 있는 영어책 시리즈를 모두 책상 위에 올려놓았다. 아이들에게는 각자 자기 마음에 드는 책을 한 권씩 고르라고 했다. 그리고 이 책에 나오는 사람들이 어떤 행동을 하고 있는 중인지 현재진행형 문장을 열 개 이상 사용해서 종이 한 장에 그림도 그리고 라이팅도 해보라고 했다.

각자 마음에 드는 책을 고르는 데에도 시간이 걸렸기 때문에 30분은 짧은 시간이었다. 아무도 완성하지 못해서 다음 시간에 계속해야겠다고 생각하며 수업을 마치고 나왔다. 그런데 한 시간 동안 다른 교실에서 리딩 수업을 하고 나왔을 때 그 반 아이들 몇몇이 "선생님 다 했어요!" 하며 종이를 보여주었다. 시키지도 않았는데 한 시간 동안이나 남아서 라이팅을 했던 것이었다. 그중에는 4학년 남자아이들도 두 명이나 있었다. 4학년 남자아이들이 라이팅이 재미있어서 수업 시간이 끝난 후에도 자발적으로 남아서 했다는 것이 무엇보다 큰 감동이었다.

아이들에게는 쓰고 싶을 만한 라이팅 주제를 주는 것이 중요하다. 초등 아이에게 '지구온난화'나 '북한의 핵문제'에 대해 쓰라고 한다면 별로 쓸 말이 없을 것이다. 특별히 그 분야에 관심이 있는 아이가 아니라면 말이다. 나는 글쓰기를 좋아하는 사람이지만 그래도 '지구온난화'나 '북한의 핵문제'에 대해서는 별로 쓸 말이 없다. 그것에 대해 써야 한다면 고역일 것이다.

스킬 훈련보다 중요한 세 가지

아이들에게 어떤 라이팅 스킬을 훈련시키는 것보다 중요한 것 세 가지가 있다.

첫째, 영어책을 많이 읽히는 것이다. 라이팅을 위한 라이팅을 훈련한 아이들의 글에서는 느낄 수 없는 재치와 매력이 영어책을 많이 읽은 아이들의 글에는 나타난다. 읽는 이도 재미가 있다.

학습하듯이 영어를 배운 아이들 중에 라이팅을 좋아하는 아이들을 본 적이 있는가? 다 지겹고 어려운 숙제라고 생각한다. 그러나 영어책을 많이 읽은 아이들은 자기가 표현하고자 하는 문장들이 영어로 바로바로 써지니 그렇게 어려운 것도 아니다.

둘째, 아이가 쓰고 싶어 할 만한 주제를 주는 것이다. 그 주제에 관심이 있고 할 얘기가 많아야 글을 쓸 수 있다. 영어 실력이 아무리 좋아도 관심 없는 내용으로 글을 잘 쓰기는 어렵다. 재미있는 주제를 주어야 아이들은 라이팅이 즐겁다는 생각을 갖게 된다.

셋째, 아이가 쓴 글을 수정하지 말고 재미있게 읽고 감탄하는 것이다. 테솔에 다닐 때 교수님은 라이팅을 빨간 펜으로 다 수정하는 것은 안 좋은 방법이라고 하셨다. 그래 봤자 아이가 그 많은 수정 사항을 다 배우지도 못할뿐더러 라이팅에 대한 의욕만 없어진다는 것이다. 영어로 글을 계속 쓰다 보면 스스로 고치게 된다. 그리고 영어로 글을 쓰면서 이 문장을 어떻게 표현해야 할까 고민하기 때문에 나중에 영어책을 읽다가 자기가 쓰려고 했던 문장을 만나면 기억하게 된다. 그리고 다음에 글을 쓸 때는 바른 표현으로 쓴다. 꼭 수정을 해야 한다면 가장 중요한 문법적 오류 한 가지만 알려주는 게 좋다.

아이가 쓴 글을 읽을 때는 틀린 것을 지적하기보다 재미있게 읽고 감탄하는 것이 훨씬 더 좋다. 아이의 기발한 아이디어를 칭찬해주고, 원어민에 가깝게 잘 쓴 문장을 칭찬해준다. 관계대명사를 배우지 않았는데도, 'who'나 'that'을 자유자재로 쓰는 것을 발견하면 칭찬을 아끼지 않는다. 이게 이럴 때 쓰이는 건데 어떻게 알았냐고 덧붙이면서 말이다.

학습하듯이 영어를 배운 아이들은 대부분 한글 그대로를 번역하는 영작을 한다. '그는 수영을 잘해'라는 문장을 영작하라고 하면, "He swims well"이라고 쓴다. swim에 잊지 않고 3인칭 단수 주어일 때 붙는 's'를 붙인 것만 해도 잘한 것일 수 있다. 그러나 원어민들은 "He is a good swimmer"라는 표현을 더 선호한다. 영어책을 많이 읽은 아이들은 자기도 모르게 이렇게 영작을 한다. 나는 그걸 알아봐주고 칭찬한다. 그러면 아이들은 점점 라이팅은 쉽고 즐거운 것이라는 생각을 갖게 된다.

"영어로 글 쓰는 거 별거 아니야."

"난 라이팅을 잘해!"

나는 이런 생각을 하는 아이들로 키우고 싶다. 그래서 기다려야 하는 순간까지 기다릴 것이고, 틀린 것을 지적하고 싶은 마음을 참고, 잘한 점을 찾아서 아이에게 알려줄 것이다. 라이팅에 대한 본격적인 훈련은 이런 것이 된 후에 시작하는 것이 좋다.

영어 토론과 프로젝트 발표로
영어에 날개를 단다

나는 미국에서 어학연수 프로그램을 마치고, 마지막 학기에는 미국 대학생들과 함께 사회학 수업을 들었다. 교수가 혼자서 강의하고 학생들은 듣는 그런 수업이 아니라 그룹별 토론과 주제 발표를 많이 하는 방식의 수업이었다.

물론 어학연수 프로그램만 막 마친 내가 적극적으로 참여하기 어려운 수업 방식이었지만, 그래도 내가 관심 있는 주제를 골라 연구해서 발표하는 것이 재미있고 신선했다. 아직도 그때 발표를 위해 자료 조사를 하고 발표 연습을 했던 것이 생생하게 기억난다.

학생이 주체가 되는 수업으로 아웃풋을 확인한다

나는 영어 독서로 진짜 실력을 쌓아온 아이들과 이런 수업을 하고 싶다. 조사하고 참여하고 발표하면서 더 많이 스스로 사고할 수 있는 훈련이 되는 수업이야말로 진정한 배움의 즐거움을 주기 때문이다. 테솔 과정을 공부할 때에도 나는 그룹별로 조사하고 발표하는 수업이 가장 재미있었다.

상암본원 키즈엔리딩에서는 한글책 수준의 영어책을 읽을 수 있는 '해리포터반' 아이들을 대상으로 영어 토론과 프로젝트 발표 수업, 소논문 쓰기 수업을 진행하고 있다. '해리포터반'은 영어책을 3~4년 정도 읽은 아이들로, 이 수업은 아이들이 책에서 배운 지식에 자신의 생각을 더해 새로운 가치를 창출할 수 있도록 돕는다. 아이들이 각자의 관심 분야를 정하고 관련 콘텐츠를 찾아 공부하고 토론한 후에 PPT로 발표하고 소논문까지 쓰는 PBL 프로젝트 수업으로 진행되는데, 아이들은 매 과정마다 매우 즐거워한다.

아이들이 이 프로젝트 수업을 즐기는 이유는 간단했다. 이미 책을 많이 읽은 아이들이라 자신이 좋아하고 관심 있어 하는 분야가 있었기에 동기부여가 충분했고, 그러다 보니 스스로 관련 콘텐츠를 찾아 자신의 주제에 맞게 결론을 도출하는 과정을 자연스레 즐길 수 있었던 것이다. 나중에는 쓸 말이 더 있어서 페이지가 늘어나도 되겠느냐는 질문을 하는 아이도 있어 상암본원 선생님들을 놀라게 했다고 한다.

우리 학원에서도 조만간 리딩 레벨이 높은 초등학생 6학년에서 중학생들을 대상으로 상암본원의 프로젝트 수업을 진행할 예정이다. 이런 방식의 수업은 그동안 영어 독서와 영어 DVD로 쌓은 인풋을 자연스럽게 꺼내 쓸 수 있는 계기가 되므로 아이들의 실력과 능력을 쉽게 가늠할 수 있는 좋은 방편이 되어줄 것이다. 영어책과 영어 DVD를 3년 이상 보고 인풋이 어느 정도 쌓인 아이들이 아웃풋에 해당하는 쓰기, 토론, 발표 등으로 얼마나 훌륭하게 실력 발휘를 할지 벌써부터 기대가 크다.

스스로 쓰고 스스로 녹음한다

본격적인 프로젝트 수업에 들어가기 전에 3년 이상 영어책을 읽어온 아이들과 영어책 만들기를 먼저 해보았다. 영어책을 몇천 권이나 읽은 경험이 있는 터라, 아이들은 이제 자기가 작가가 되어 영어책을 충분히 쓸 수 있을 것이라고 생각했다.

가장 인기 있는 영어책을 쓴 아이에게는 인세 개념으로 마켓데이 때 쓸 수 있는 '키리머니'를 주겠다고 하자 아이들은 더욱 신이 나서 영어책을 만들었다. 아이들과 수업 시간에 그림도 그리고 영어로 글도 썼는데, 놀라운 점은 아이들이 막힘없이 줄줄 영어를 써 내려갔다는 점이다. 영어 과외를 할 때 영어 유치원을 나온 아이들에게 영어 스피치 대회 준비를 시켜준 적이 많았는데, 그 아이들은 곧바로 영어를 쓰지 못했다. 한글로 쓴 다음에 영어로 번역을 해서 스피치 원고를 작성하는 식이었다. 그런데 몇 년 동안 영어책을 읽은 아이들이라 그런지 한글을 거치지 않고 영어로 바로 글을 썼다.

우리는 이렇게 만든 영어책에 바코드를 붙이고 각자의 목소리로 녹음한 CD를 붙여 다른 아이들도 읽을 수 있게 했다. 그리고 책 마지막 페이지에는 다른 아이들이 책 읽은 소감을 한마디씩 적을 수 있는 종이도 붙여놓았다. 아이들이 만든 여섯 권의 영어책은 각자의 개성이 듬뿍 담긴, 세상에 하나밖에 없는 책이 되었다.

이 영어책들이 신간 코너에 전시되자, 다른 아이들도 서로 읽어보겠다고 해서 금세 최고 인기 책이 되었다. 이렇게 영어책을 만들어본 아이들은 언제 또 영어책 만들기를 할 거냐며 물어보기도 하고, 이 영어책을 읽은 저학년 아이 하나는 시키지도 않았는데 네 권 정도의 영어책을 집에서 만들어오기도 했다.

영어로 쓰고 출판까지 한 번에

3년 이상 영어책을 읽고 6학년을 마치고 졸업하는 아이들에게 꼭 해주고 싶은 선물이 있다. 졸업 작품처럼 영어책을 한 권 만들어서 출판해주는 것이다. 아이들은 이로써 진짜 작가로 거듭날 수 있다.

교보문고에서 진행하는 '퍼플(Pubple)'을 이용하면 가능하다. 퍼플은 POD(Publish On Demand) 출판의 한 형태로 미리 만들어진 종이책을 파는 것이 아니라 편집을 끝낸 책을 디지털 파일로 보관하다가 주문이 발생하면 그때 책으로 인쇄해 실물의 종이책으로 만드는 방식이다.

책들이 출판된 후 수요가 없으면 품절이나 절판이 되는데, POD는 언제라도 단 한 명의 독자가 원한다면 구입할 수 있다. 이렇게 필요한 만큼만 제작하기 때문에 창고에 쌓이는 재고 물량이 없어 친환경적이다.

상암본원 키즈엔리딩에 다니는 한 아이가 이 POD 방식으로 출판한 책이 있다. 제목은 《Space Ninja vs Spat X Tox》로 책 정보를 알고 싶으면 http://pod.kyobobook.co.kr/index.ink로 들어가도 되고 네이버에 검색해도 나온다. '퍼플'은 주문 후 제작이라 받아보기까지 시간이 좀 더 걸리지만, 특히 작가가 꿈인 아이에게 정말 좋은 경험이 될 것이다.

영어를 많이 들은 아이는 영어로 말하고 싶어 하고, 영어책을 많이 읽은 아이는 영어로 글을 쓰고 싶어 한다. 그것을 할 수 있는 재미있는 환경을 제공해준다면 아이는 지속적으로 영어에 관심을 갖게 된다. 아이들은 이렇게 영어책 만들기, 발표, 토론의 다양한 기회를 통해 자신의 영어 실력을 스스로 확인할 수도 있고 영어가 정말 언어로서 사용되는 경험을 할 수 있으니 말이다.

4장

리스닝과 스피킹이 되는 영어 DVD 활용하기

원어민처럼 듣고 말하려면
영어 DVD를 보자

영어 독서로 리스닝과 스피킹까지 다 될까? 나는 그렇지 않다고 생각한다. 영어 독서는 빠른 시간 안에 영어로 된 글의 핵심을 파악하는 리딩(Reading)과 읽는 이를 사로잡는 매력적인 라이팅(Writing)을 가능하게 한다. 그렇다면 리스닝(Listening)과 스피킹(Speaking)은? 해답은 영어 DVD에 있다. 리딩과 라이팅은 영어 독서로, 리스닝과 스피킹은 영어 DVD로 해결하면 된다.

보는 것도 남는다
대치동 스타 강사 출신의 교육평론가 이범은 "궁극적으로 나중에 영어를 얼마나 잘하게 되느냐는 그 사람이 그동안 겪었던 영어 총 노출

시간하고 관련이 있다"라고 말한다. 영어에 노출시키는 방법은 크게 두 가지다. 강압을 통해서 노출시키는 방법과 흥미를 통해서 노출시키는 방법.

나는 영어 DVD를 잘 활용하는 것이야말로 '흥미를 통해서 영어에 노출시키는' 아주 효과적인 방법이라고 생각한다. 아이들은 영어 DVD를 재미있게 보면서 '놀고 있다'고 느끼지 '공부하고 있다'고 생각하지 않는다. 부모들도 마찬가지다. 영어 DVD 보는 시간을 '노는 시간'이라고 생각해 그 중요성을 쉽게 간과한다. 뭔가 읽고, 쓰고, 외우고 해야 공부하는 거라고 생각하는 것이다. 그러나 영어 DVD의 효용성은 생각보다 훨씬 크다.

《잠수네 아이들의 소문난 영어공부법》에서는 "하루에 세 시간씩 3년 동안 영어를 하면 어느 정도 영어에 자유로운 경지에 이르게 된다"고 하는데, 하루 세 시간씩 인풋(input)을 채우기는 정말 쉽지 않다. 게다가 그 시간을 온전히 영어 독서로만 채우려면 어찌 될까? 아이들이 영어책을 읽는 시간은 하루 한 시간도 매우 길다. 그렇게만 읽어도 정말 대단한 양이다.

그런데 이 인풋 시간을 DVD가 채운다면? 하루 세 시간을 채우고도 남을 것이다. 엄마표 영어를 하는 엄마들도 특별한 이유가 없는 한 영어 DVD를 적극 활용한다. 이 책에서는 부록으로 영어책 추천 리스트뿐만 아니라 영어 DVD 추천 리스트도 실었다. 각자 아이에게 맞는 종류를 골라 마음껏 틀어주고 마음껏 보게 하자.

영어책만 사용하는 것보다 DVD까지 활용하면 더 많은 시간 동안 자연스럽게 영어에 노출시킬 수 있어 좋다. 그러면 더 짧은 기간 안에 기대하는 아웃풋(output)을 얻어낼 수 있다. 이 말은 거꾸로, DVD를 적절히 활용하지 않을 경우 훨씬 더 많은 양의 영어책 인풋이 들어가야 비로소 기대하는 아웃풋이 나올 수 있다는 말이다. 그러니 영어책만 보는 아이와 영어 DVD를 같이 보는 아이의 영어 실력은 날이 갈수록 차이가 날 수밖에 없다.

얼마나 보여주어야 할까?

영어책과 영어 DVD의 비율은 1 대 2가 적당하다. 한 시간은 영어책을 보고, 두 시간은 영어 DVD를 보는 것이다. 물론 아이의 성향에 따라 이 비율이 달라져도 상관없다.

우리 아이들은 주중에만 매일 30분에서 두 시간 정도 영어 DVD를 본 지 8년이 되어간다. 학교 가기 전에 간단하게 아침을 먹으면서, 오후에 간식 먹을 때, 심지어 남편이 늦게 들어올 때는 자기들끼리 영어 DVD를 보면서 저녁을 먹을 때도 많다. 학원을 많이 다니거나 하지 않는데도 따로 시간을 내서 DVD를 보여줄 시간이 별로 없어서, 뭔가를 먹을 때는 주로 DVD를 보여준다. 어렸을 때는 한번 본 영어 DVD를 흘려 들으라고 노는 시간에 무심히 틀어놓기도 했다.

어느새 영어로 스피킹이 되다

그렇게 DVD 시청 시간이 쌓이자 딸아이는 6개월, 아들아이는 1년 정도 지났을 때 영어 단어로 말을 하기 시작했고, 차차 짧은 문장을 만들기 시작했다. 그리고 그다음에는 관계대명사나 가정법을 이용한 복문을 자연스럽게 말하게 되었다. 어떤 부모들은 자기 아이들과 집에서 영어로 대화를 나누기도 한다는데, 나는 그렇게 하지도 않았다.

그런데 딸이 자꾸 영어로 말을 거니 아들도 영어로 대답하면서 둘이서 영어로 대화하는 일이 많아졌다. 집에서 놀 때는 물론이고 싸울 때도 영어로 싸웠다. 밖에 나가서도 영어로 이야기하는 일이 많다 보니 외국에서 살다 온 지 얼마 안 된 아이들로 추측하는 사람들이 많았다. 아이들에게 왜 자꾸 영어로 얘기하느냐고 물어보자 가끔은 영어로 얘기하는 게 자기 생각을 표현하는 데 더 편하게 느껴지기 때문이라고 했다.

특히 딸은 영어 DVD의 효과가 좋아서, 영어 스펠링은 몰라도 소리로 듣고 아는 어휘가 매우 많아지기 시작했다. 그래서 스스로 읽지 못하는 영어책도 CD에서 읽어주면 잘 알아듣게 되었다. 이제 우리 아이들은 3단계 이상 되는 영어 DVD의 빠른 속도도 잘 알아들어서 넷플릭스(Netflix)의 영어 만화 시리즈를 보고 있다. 영어 발음에서 원어민 특유의 리듬감이 느껴지고, 입 모양을 가르쳐주지 않았는데도 정확한 발음을 한다.

이렇게 아이들이 영어로 줄줄 얘기할 수 있게 되면서 엉뚱하게도 내가 통역사 역할을 할 때가 많다. 우리 집에서 유일하게 영어를 못하는 남편 앞에서 아이들이 영어로 얘기를 하면, "뭐래? 내 욕하는 거 아니야?"라며 남편이 통역을 요구하는 것이다. 물론 우리 아이들은 엄마보다 아빠를 더 좋아해서 아빠 욕을 하는 경우는 거의 없지만, 그래도 남편은 혼자 못 알아들으니 답답한 모양이다.

영어를 비록 못 알아듣는 일이 잦아도, 남편은 아이들이 영어로 수월하게 이야기하는 모습을 보면 뿌듯한 표정을 감추지 못한다. 내가 가르치는 아이들도 영어로 말이 나오기 시작하면 엄마보다 아빠가 더 신기해하고 좋아한다고 한다. 물론 이런 효과는 개인적인 언어 재능이나 성격, 환경에 따라 차이가 난다.

귀가 발달한 아이들은 영어를 소리로 듣고 흉내 내는 데에 빠르다. 영어 특유의 리듬감을 좋아하기 때문이다. 반면에 어떤 아이들은 아무리 들어도 그 소리를 그대로 따라 하는 데에 어려움을 겪는다. 완벽하게 알아야만 손을 들고 발표를 하는 신중한 아이들은 영어 스피킹이 빨리 되지 않는다. 또 형제자매가 없는 외동아이들도 영어로 대화할 상대가 없는 경우에 그냥 입을 닫고 있는 경우가 많다. 우리 아들도 딸이 영어로 자꾸 말을 걸지 않았으면 영어로 말하지 않았을 수도 있고, 그 시기가 훨씬 늦어졌을 수도 있다.

이렇게 영어 DVD를 꾸준히 몇 년간 본 아이들은 해외에 가면 빛을 발한다. 해외로 단기 영어 캠프나 여행을 가서 영어를 쓸 수밖에 없는 환경이 되면 저절로 영어로 말이 나오는 것이다.

귀도 트이고 발음도 트이고 말도 트인다

영어 DVD를 지속적으로 시청하면 네 가지 효과를 볼 수 있다.

첫째, 영어 귀가 트인다. 요즘은 영화 영어, 전화 영어 등 영어를 배울 수 있는 경로가 매우 다양하다. 그런데 전화 영어의 경우, 소리만으로 알아들어야 하기 때문에 영어를 공부하기가 매우 지루하다. 또 영어를 들으면서 자막을 함께 보는 것도 알아듣는 귀가 발달하기 어렵게 만들기 때문에 좋은 방법이 아니다.

반면 자막 없이 보는 DVD는 화면이 나오면서도 영어 소리밖에는 들리지 않으므로 지루하지 않으면서도 영어의 발음에 집중할 수 있게 만들어 좋다. 무슨 내용인지 알아들으려고 더욱 영어에 집중하여 귀를 쫑긋하게 된다. 물론 처음에는 답답한 시기를 좀 거쳐야 하지만, 그 시기를 잘 견디면 영어가 차차 한두 단어씩 들리게 된다. 그러다 보면 마치 한글책을 스스로 못 읽는 어린아이들도 엄마가 책을 읽어주면 알아듣는 것처럼 영어책을 스스로는 읽지 못해도 원어민이 읽어주는 소리는 알아들을 수 있게 된다. 알아들으면 재미있어지므로 영어책 읽기에도 점점 재미를 붙일 수 있다. 영어 DVD를 효과적으로 보는 방법에 대해서는 뒤에서 더 자세히 다룰 것이다.

둘째, 영어 단어 습득이 빨라진다. 단어의 소리와 의미를 이미 알고 있기 때문에 단어 스펠링만 외우면 된다. 소리, 의미, 스펠링 세 가지를 동시에 외워야 하는 아이들보다 더 쉽게 단어를 익힐 수 있다.

셋째, 원어민 특유의 발음과 리듬감을 자신도 모르게 습득한다. 소리에 집중해서 듣다 보면 원어민처럼 발음하게 된다. 입 모양을 가르쳐주지 않아도 신기하게 그 입 모양으로 영어 발음을 한다. 아이들에게 어떻게 입모양을 그렇게 하는 줄 알았느냐고 물어보니 이렇게 입 모양을 해야 그 소리가 난다고 대답했다. /th/ 발음이나 /r/ 발음은 한국인이 가장 잘 못하는 것인데, 영어 DVD로 소리에 민감해져서 원어민 발음에 아주 가깝게 하게 된다.

넷째, 영어 스피킹이 된다. 영어 DVD를 잘 활용하면 거의 무의식적으로 필요한 상황에서 영어로 순간적으로 말할 수 있게 된다. 수영, 운전 등이 몸에 습득되는 것과 같은 원리로 순식간에 입에서 영어가 나온다. 학습한 것과 습득된 것은 두뇌에 저장되는 부분도 다르고 꺼내 쓰는 방법도 다르다. 습득된 영어는 머릿속에서 한글을 영어로 통역하는 과정을 거치지 않는다.

내가 미국에서 어학연수를 했을 때, 일본인 유학생들을 만난 적이 있다. 내가 일본어를 전공했다니까 한마디 해보라고들 했다. 그래서 내가 한마디를 했더니 그 일본 아이들이 웃고 난리가 났다. 나중에 그 이유를 물어보니 젊은 아가씨가 할머니나 쓰는 말투로 말했기 때문이란다. 일본어를 교재로 배웠더니 일문과에서 수석까지 했던 내 일본어가 웃음거리가 된 것이었다. 그 후로는 일본 아이들을 만나도 절대로 일본어를 전공했다는 얘기를 하지 않게 되었다.

영어 DVD는 우리나라와 같이 영어를 전혀 일상생활에서 쓰지 않는 환경에서 영어 리스닝과 스피킹을 가능하게 하는 강력한 도구다. 원어민들도 보는 영어 DVD를 통해 어떤 상황에서 어떤 대화들이 오가는지를 수없이 보기 때문에, 그 상황이 되었을 때 딱 필요한 표현이 입에서 줄줄 나오는 것이다.

살아 있는 영어를 생생하게 배울 수 있는데 그 과정이 쉽고 재미있기까지 하니 얼마나 감사한가? 재미있어야 몰입이 되고 몰입이 되어야 영어 습득이 이루어지는 원리는 영어책이나 DVD나 마찬가지다.

영어가 저절로
되는 아이들

영화만 본 '나기업'의 사례

앞에서 소개한 《산골 소년 영화만 보고 영어 박사 되다》의 나기업 저자는 영어 만화영화로 시골에서 혼자 영어를 마스터했다. 그는 다섯 살때 본 디즈니 영화 〈토이 스토리(Toy Story)〉에 빠져서 비디오테이프가 끊어질 때까지 1,000번 정도 무한 반복해서 보다 보니 영어 대사가 줄줄 입에서 나올 정도가 되었다고 한다. 그는 그 후로 10년간 만화영화 스무 편, 영화 다섯 편, 장편 비디오 만화 열 편을 보면서 영어 대사를 완전히 외워버릴 정도로 영어에 빠져 지냈다고 한다.

나기업 저자는 중학교 1학년 때 학교를 그만두고 홈스쿨링을 하면서 토익 950점을 받고, 만 13세 때에 한남대학교 린튼 글로벌 칼리지[현 린

튼 글로벌 비즈니스 스쿨(Linton School of Global Business)]에 **최연소로 합격했다.** 이 학교는 국제 전문가를 양성하기 위해 설립된 단과대학으로 전 과목을 원어민 교수가 영어로 수업한다.

나는 이 책을 읽으면서 저자가 얼마나 영어 만화에 매료되어 영어를 배워가는 과정을 즐겼는지 느낄 수 있었다. 배우는 것에는 즐거움이 있다. 모르는 것을 알아가는 것에는 기쁨이 있다. 나는 저자가 자기만의 방법으로 영어를 공부하면서 이런 기쁨을 온전히 누렸던 것에 무엇보다 큰 감동을 받았다. 이 책에서 저자는 스스로도 이렇게 말한다.

> 진심으로 나만큼 영어를 학습 대상이 아니라 즐기면서 토닥토닥 정을 쌓아가는 대상으로 받아들인 사람이 얼마나 될까?
> 그냥 시골 어린 촌놈이 영어라는 새로운 세계를 접하는 순간 빠져들었고, 말 그대로 만화영화를 즐기다 보니 영어와 자연스럽게 사귀게 되고 사랑하게 되고 그랬던 것뿐이다.
>
> – 나기업, 《산골 소년 영화만 보고 영어 박사 되다》, 135쪽

영화를 씹어먹은 '신왕국'의 사례

《근데, 영화 한 편 씹어먹어 봤니?》(다산, 2017)를 펴낸 신왕국 저자는 고등학교를 자퇴하고 6개월간 하루 열 시간 이상씩 영화의 모든 대사를 무한반복 따라 말하면서 영어를 마스터한 화제의 인물이다.

영어 수업 시간, "Wait a second"를 "기다려, 하나 둘"이라고 해석해 비웃음을 샀을 정도로 영어를 못했던 그가 영어를 시작한 계기는 바로

디즈니 만화영화 〈라푼젤〉. 그는 이를 시작으로 몇 편의 영화를 통해 1년 만에 원어민도 인정할 만한 영어 실력을 갖추게 되었다. 그리고 그 실력을 바탕으로 세계적인 명문대학교 미국 UC버클리에 입학했다.

그는 UC버클리에서 의외의 사실을 알게 된다. 그곳에 다니는 많은 한국 학생들조차 영어 스피킹에 어려움을 겪고 있음을 보게 된 것이다. 저자는 자신이 공부한 방법을 알려주면서 유학생들에게 도움을 주다가 나중에 한국으로 돌아와 '코어소리영어'를 창업해 영화로 영어를 배우는 방법을 전하고 있다.

저자는 언어를 배우는 방법에는 '서술적 기억 방식'과 '절차적 기억 방식' 두 가지가 있다고 말한다. '서술적 기억 방식'은 우리가 흔히 공부하는 학습 방법으로 영어 단어를 외우고 문법을 배우면서 영어에 접근하는 것이다. '절차적 기억 방식'은 반복을 통해 우리 몸에 각인되는 행동으로 나중에 의식하지 않아도 저절로 이루어지는 기억 방식이다. 운전이나 수영, 악기 연주를 계속하다 보면 무의식적으로 하게 되는 것과 같다.

'절차적 기억 방식'이 중요한 이유는 이 방식으로 습득한 것은 뇌의 운동피질에 저장되어 무의식적으로 반응하게 되기 때문이다. 모국어, 운전, 운동 등은 시간이 아무리 지나도 잊어버리지 않는 이유가 다 이 때문이다. 훈련과 반복으로 습관화된 영어 단어와 문장은 마치 모국어처럼 뇌의 운동피질에 저장되어 원어민처럼 편안하게 사용할 수 있게 된다고 저자는 강조한다.

저자는 처음부터 끝까지 입으로 따라 하지 않고 보기만 해서는 아무런 효과가 없다고 하지만, 내 생각은 조금 다르다. 어린아이들의 경우에는 굳이 따라 하지 않아도 많이 보다 보면 스피킹이 되기도 하기 때문이다. 게다가 아이들은 영어책을 CD로 들으면서 영어 공부를 하고 있는 중이므로, 영어 DVD를 처음부터 끝까지 재미삼아 본다고 해도 점점 알아들을 수 있는 단어나 문장들이 늘어난다.

어떻게 보면, 스스로 방법을 깨우쳐 영어를 정복한 나기업이나 신왕국 저자를 따라 하는 것이 가장 빨리, 안전하게, 효과적으로 영어를 마스터하는 방법일 수 있다. 이미 효과를 증명한 이들이 있으니, 두 저자의 방법이 자신에게 맞는다면 그대로 따라 해도 좋을 것이다.

나도 요즘 《근데, 영어 한 편 씹어먹어 봤니?》에서 알려준 방법대로 미국 시트콤 〈프렌즈(Friends)〉 씹어먹기에 도전하고 있다. 매일 한두 시간 정도 하고 있는데, 드라마도 재미있고 따라 하는 것도 무척 재미있다. 스피킹 운동 한다는 마음으로 계속 입으로 대사를 중얼거리면서 맹연습 중이다.

내가 만난 초등 아이들의 사례

성공한 영어의 신들이 쓰는 방법에는 큰 약점이 하나 있다. 누가 강제로 시키기 힘들다는 것이다. 스스로 하고 싶어 해야 가능하다. 만약 그렇게 하겠다는 아이가 있다면 나는 정말 적극적으로 밀어주고 싶다.

그러나 아이들은 다르다. 대개의 경우 그렇게 할 수도 없을뿐더러 그렇게 하고 싶어 하지도 않는다. 또 두 저자들처럼 영어에 온전히 몰입할 정도로 시간이 많지도 않다. 모두 다 홈스쿨링을 하거나 학교를 자퇴한 상황이 아니기 때문이다. 대부분의 초등학생들은 학교에도 가고 학원에도 가고, 또 운동도 해야 한다. 그래서 약간 쉬거나 노는 느낌으로 영어 DVD를 하는 것이 아이들로선 최선이다.

영어 DVD를 여러 번 반복해서 보는 것만으로도 아이들은 귀가 트이고 입이 트일 수 있다. 특히 언어 재능이 뛰어난 아이들은 영어 DVD를 몇 년간 보다가 어느 날 갑자기 기적처럼 자막을 줄줄 읽고 영어책을 읽어내기도 한다. 언어 재능이 보통인 아이들도 재미로 대사를 따라 하면서 좋아하는 DVD는 반복해서 보다 보면 한 단어, 한 마디, 차츰차츰 대사가 쌓여 영어 스피킹이 되는 날이 온다.

우리 학원 아이들에게는 영어 DVD를 책과 함께 대여해주기 때문에, 나는 이것이 아이들의 스피킹 실력을 늘려주는 데 도움이 되는 경우를 많이 봤다. 따로 스피킹 수업을 하지 않았는데도 해외여행을 가서 외국인과 자연스럽게 대화를 해내고, 한국에서 만난 외국인 친구와 펜팔 주소를 교환하기도 한다. 일상생활에서도 영어로 툭툭 얘기를 해서 부모를 놀라게 만든 아이도 많다. 영어 DVD를 재밌게 보는 것만으로도 아이가 원어민처럼 스피킹을 할 수 있다면, 굳이 안 할 이유가 있을까?

놀면서도 쉬면서도
실력이 는다

　나는 아들을 4학년 2학기 때 다른 학교로 전학시켰다. 그것도 운동장조차 없는 서울 시내 한 건물에 있는 학교로 말이다. 아들은 1학기 동안 정든 친구들과 헤어지는 것도 슬픈 데다가 마음껏 뛰어 놀 운동장도 제대로 없는 새 학교에 잘 적응하지 못하고 우울해했다. 말이 많던 아들은 말수가 줄어들었고 학교 외에는 다른 모든 학원 수업을 거부했다. 그때 아들이 유일하게 한 것은 영어 DVD를 보는 것이었다. 그것은 아들에게 휴식이 되어주었다.

　고학년이 되면 사춘기가 와서 며칠씩 학교를 빠지기도 하고 더러는 아파서 학교를 못 갈 때도 있다. 특히 독감 같은 전염성 질환에 걸렸을 때는 완치 판정을 받을 때까지 한동안 등교를 하지 못한다. 이럴 때에도 영어 인풋을 계속할 수 있는 것이 영어 DVD 보기다.

영어 DVD는 자투리 시간을 활용하기에도 좋다. 휴대용 DVD 플레이어가 있다면, 명절 때 막히는 차 안에서나 해외여행 시 게이트 앞에서 기다릴 때, 기내에서 시간을 보낼 때에도 영어 공부를 손쉽게 할 수 있다. 보통 그런 시간에 아이들에게 휴대폰 게임을 허락하는 경우가 많은데, 영어 DVD는 재미와 학습 두 가지를 다 잡을 수 있어서 좋다.

영어 DVD를 한글로 나오는 TV 만화처럼 편안하게 보려면 답답한 시기를 거쳐야 하지만 이 과정을 견뎌내는 일은 또 하나의 도전이 되므로 충분히 시도해볼 만하다.

우리 집 환경을 먼저 점검하자

영어책을 읽히려면 환경이 중요한 것과 마찬가지로 아이가 영어 DVD에 빠지게 하는 데에도 환경이 중요하다. 영어 DVD보다 더 재미있고 자극적인 미디어가 자유롭게 허용되는 가정에서는 아이가 그 답답한 시기를 절대로 견뎌내지 못한다. 더 쉽게 재미를 느낄 수 있는 한글 TV, 게임 등이 있는데 왜 영어 DVD를 보겠는가? 영어 DVD가 유일한 오락거리일 때만 아이들이 가장 빨리 답답한 시기를 이겨내고 영어 DVD에서 재미를 발견할 수 있다.

영어 DVD를 보는 데에 별로 답답한 느낌이 없고, 70퍼센트 이상 알아들을 수 있다면 굳이 만화를 한글로 볼 필요를 느끼지 못한다. 그냥 재미있게 깔깔 웃으면서 보다 보면, 의식적으로 어떤 단어를 외우거나 문장을 암기하지 않아도 어떤 상황에서 어떤 표현을 쓰는지 익히게 된다.

영어 DVD는 모국어처럼 습득된다

마치 갓 태어난 아기가 엄마, 아빠를 비롯해 주변의 가족, 이웃들이 주고받는 말들을 충분히 많이 보고 듣는 것만으로도 모국어를 습득하는 것과 같이 영어 DVD도 장시간 꾸준히 보고 들으면 자연스럽게 습득될 수 있다.

우리는 한국어를 배우기 위해 국문법을 배우지도 않았고, 국어사전에서 모르는 단어를 일일이 찾아가며 외우지도 않았다. 이렇게 우리가 자연스럽게 습득한 한국어는 미국인들이 배우기 매우 어려워하는 언어 중의 하나다. 미국 국무부 소속 기관인 외교연구원(Foreign Service Institute)은 해외에 파견되는 미국 외교관들에게 60여 개 국가의 언어 교육을 시행하고 있다. 이 외교연구원이 꼽은 가장 배우기 어려운 언어가 아랍어, 중국어, 일본어, 한국어라고 한다.

한국 사람이 한국어를 이렇게 유창하게 하는 것은 결코 한국어가 쉬워서가 아니다. 한국인 혈통이더라도 다른 나라에서 태어나고 자랐다면 한국어는 저절로 되지 않는다. 한국인이 한국어를 잘하는 것은 한국어가 자연스럽게 사용되는 것을 수도 없이 목격했기 때문이다.

영어 DVD도 마찬가지다. 수많은 상황에서 주인공들이 영어로 대사를 주고받는다. 따라서 스토리가 궁금해서 재미로 보다 보면 어떤 상황에서는 어떻게 말하는 것이 좋은지 알게 된다. 충분히 많이 볼수록 효과가 좋기 때문에 아이들 스스로 재미있다고 느끼는 것을 보여주는 것이 중요하다. 그래야 아이들은 귀를 쫑긋하고 알아들으려고 노력한다.

쉬면서 공부한다

일단 영어 DVD에 재미를 붙이면 그다음은 정말 쉽다. 재미있는 일에는 누구나 기꺼이 시간을 투자하려고 하기 때문이다. 이 단계에 이르면 부모가 억지로 시키지 않아도 되므로 아이에게나 부모에게나 스트레스 없는 영어 공부가 된다. 아니, 오히려 재미있는 영어 DVD를 보면서 스트레스도 풀고 기분 전환도 할 수 있다.

점점 영어 듣기가 향상되면 더 빠른 속도의 영화도 자막 없이 볼 수 있게 된다. 아니, 오히려 자막이 밑에 뜨는 것이 화면을 가려 방해가 된다고 생각한다. 영어 DVD를 자막 없이 몇 년간 본 아이들은 자막이 뜨면 엄마에게 싫다고 없애달라고 한다. 번역본보다 영어 원서가 열 배는 더 재미있는 것처럼, 자막을 읽는 것보다 영어 그대로를 바로 이해하면서 보면 영화도 열 배는 더 재미있다. 어떤 자막은 그 영어 표현을 제대로 살리지 못하는 경우도 많기 때문이다.

요즘은 영화의 전성시대다. 여가시간에 영화를 보는 일은 이제 흔하디흔한 일상이 되었다. 한 사람이 나고 자라서 죽기까지, 정말 수천 편의 영화를 볼 것이다. 그때 자막 없이 영어를 그 언어 그대로 알아들을 수 있다면 삶이 얼마나 더 즐거울 것인가? 이것을 가능하게 하는 것이 바로 영어 DVD 보기다. 게다가 놀면서, 쉬면서, 공부 같지 않게 할 수 있으니 일석이조, 일석삼조가 아닐까?

전 세계 영어
악센트를 배운다

아이들과 함께 〈미스터 라잇(Mr. Right)〉이라는 액션 로맨스 영화를 보고 있을 때였다. 딸이 등장인물이 하는 말투를 듣더니 "저 사람은 텍사스 출신인가 봐"라고 말해서 깜짝 놀란 적이 있다. 그 인물은 미국 남부 출신인 것처럼 속이다가 나중에 자기도 모르게 영국 악센트가 튀어나와 정체가 탄로 난다. 내가 어떻게 텍사스 출신인지 아느냐고 했더니, 그 사람의 말투가 〈스폰지밥(SpongeBob)〉에 나오는 샌디(Sandy. 한국에서는 '다람이')와 같은데, 스폰지밥에서 샌디가 자기는 텍사스 출신이라고 했다는 것이다.

영어책 CD는 거의 대부분 미국 발음이고 일부만 영국 발음으로 되어 있다. 영국 작가가 쓴 유명한 영어책 시리즈도 많지만 그럴 경우에도 영국식 발음으로 녹음한 트랙 외에 미국식 발음으로 녹음한 트랙을 추가해놓기도 한다. 그러면 아이들은 대부분 익숙한 미국식 발음 트랙으로 책을 듣는다.

어떤 악센트도 알아들을 수 있어야 한다

토플과 토익 시험에서는 미국 발음뿐만 아니라 영국 발음, 호주 발음도 나온다. 외국인 기업에 근무하는 한 학부모는 회사에 네덜란드 악센트가 잔뜩 들어간 영어를 쓰는 직원이 새로 왔는데, 그 사람의 말을 도저히 알아들을 수 없어서 한동안 고생이 심했다는 경험담을 들려주기도 했다.

미국에는 이제 세탁소 주인이 대부분 인도 사람이라, 인도 악센트가 들어간 영어를 못 알아들으면 옷도 못 맡긴다는 우스갯소리도 있다.

영어 DVD는 이런 문제를 깔끔히 해결해준다. 다양한 DVD를 보는 것만으로 다양한 영어 악센트에 익숙해질 수 있기 때문이다.

〈페파 피그(Peppa Pig)〉나 〈리틀 프린세스(Little Princess)〉에서는 강한 영국식 악센트를 들을 수 있다. 《옥스퍼드 리딩 트리》영어책은 영국 작가가 쓴 것이지만 상품성을 위해 미국식 음원으로 제작되었는데, 같은 주인공이 나오는 영어 DVD 〈매직키(The Magic Key)〉는 영국식 발음이다. 〈디에고(Go Diego Go)〉에서는 멕시코인인 주인공 디에고 덕분에 스페인어도 간간히 나와 언어에 관심이 있는 아이들의 흥미를 자아낸다.

어떤 엄마는 이 시리즈에서 스페인어가 나오는 게 싫다고 하면서 영어만 나오는 DVD로 바꿔달라고 하기도 했다. 그러나 미국 남부에서는 스페인어 구사 능력이 특히 중요하다. 멕시코인들이 남부에 많이 살기 때문이다. 스페인어 한두 마디를 할 수 있다면 얼마나 멋진가? 〈큐리어스 조지(Curious George)〉에서는 주인공 친구가 인도 사람이라 인도 악센트를 접할 수 있다. 〈마들렌의 모험(New Adventures of Madeline)〉에서는 프랑스에 사는 주인공 마들렌 덕분에 프랑스 악센트가 잔뜩 들어간 영어를 실컷 들을 수 있다. 또한 뉴욕 호텔에 유모와 함께 사는 부유한 소녀 〈엘로이즈(Eloise)〉에서는 빠른 뉴욕 악센트를 접할 수 있다. 영어 DVD는 이렇게 자연스럽게 전 세계 사람들의 영어 악센트에 익숙해질 수 있는 최고의 도구다.

영국식 악센트로 깔깔대볼까?

한번은 우리 학원에 다니던 남자아이 가족이 미국 여행을 다녀왔는데, 나에게 이런 이야기를 들려주었다. 영어를 잘하는 그 아이의 엄마는 자기가 아들보다 영어를 잘한다고 늘 생각해왔다고 한다. 그런데 여행지에서 한 흑인의 말을 도저히 알아들을 수 없었다고 했다. 그 사람이 하도 빠르게 속사포로 말했기 때문이다. 그때 바로 옆에서 듣고 있던 아들이 아무렇지 않게 나서서 통역을 해주는 바람에 그 엄마는 깜짝 놀랐다고 했다. 본인은 전혀 못 알아듣는 흑인의 악센트를 아들이 알아들었다는 사실에 크게 감동하면서 말이다.

영어는 예나 지금이나 세계 공용어다. 더구나 전 지구가 일일 생활권이 되고 글로벌 시장이 열리면서, 영어는 필수가 아니라 기본인 시대가 되었다. 전 세계 사람들이 각자 자기 모국어의 악센트가 섞인 영어로 얘기해도 알아들을 수 있어야 하는 시대가 온 것이다. 언제까지 "나는 미국식 발음만 알아들을 수 있어요"라고 할 것인가? 스피킹의 기본은 리스닝이다. 상대의 말을 알아듣지 못하면 대화 자체가 더 이상 진행되지 못한다.

영어 DVD는 영어책이 줄 수 없는 것을 준다. 전 세계 영어 악센트를 알아들을 수 있게 해주고, 말도 할 수 있게 해준다. 우리 아이들은 처음 〈페파 피그〉에 빠졌을 때 깔깔대며 영국식 악센트를 흉내 내곤 했다. 학원에도 〈페파 피그〉에 빠진 아이가 있었는데, 주인공들 말투를 흉내 내며 멋진 영국식 악센트를 들려주었다. 영어를 자연스레 구사하는 데서 더 나아가 영국식 악센트를 구사하다니, 영어 DVD는 정말 매력적인 도구가 아닐 수 없다.

어릴 때 시작할수록
유리하다

이미 고학년인데 영어 실력이 낮은 아이들이 있다. 이런 아이들은 영어를 잘 못 알아들으므로 쉬운 DVD부터 봐야 하는데 고학년 아이들이 보기에는 DVD 내용이 유치하기 때문에 재미를 느끼기가 쉽지 않다. 영어책 읽기 레벨에서도 아이의 정신연령과 책의 레벨이 맞지 않아 빚어지는 불협화음을 소개했는데, 이는 DVD에서도 마찬가지다. 그래서 고학년일수록 영어 DVD 보는 습관을 잡는 것이 쉽지 않다.

어려야 100번 반복이 가능하다

위와 같은 이유에서, 영어 DVD를 즐겁게 보면서 자연스럽게 영어 실력을 늘려주고 싶다면 어린 나이에 시작하는 것이 좋다. 다른 나라 사람들은 다른 언어를 사용한다는 것을 이해할 수 있는 나이라면 충분하다. 다섯 살에서 여섯 살 정도면 충분히 영어 DVD를 시작할 수 있다. 영어 DVD 1단계는 실제로 취학 전 영어권 아이들이 주인공인 경우가 많아서 연령대도 비슷해 아이들이 더 재미있게 본다.

그 나이의 아이들은 책이든 영어 DVD든 똑같은 것을 반복해서 보는 것을 좋아하기 때문에 효과도 좋다. 영어 DVD는 100개의 다른 것을 보는 것보다 한 개를 100번 보는 것이 훨씬 효과적이기 때문이다. 그래서 영어 DVD로 기적처럼 영어 실력을 키웠다는 아이들을 보면 대부분 한두 번 보고 마는 아이들이 아니라 정말 질릴 정도로 한 시리즈를 반복해서 보고 또 본 아이들이다.

만약 자신의 아이가 한 영어 DVD를 100번 정도 보는 아이라면 정말 기뻐서 춤을 출 일이다. 그 아이는 아주 쉽게 영어 실력이 늘 것이기 때문이다. 그 정도로 몰입하고 반복해서 보는 아이라면 기대해도 좋다. 그러니 아이가 같은 것을 계속 보면 더욱 장려할 일이지, 이제 똑같은 것은 그만 보고 다른 것을 보라고 할 필요가 전혀 없다.

초등학생 아이들은 대부분 똑같은 것을 여러 번 보는 것을 그다지 좋아하지 않는다. 이미 스토리를 알고 있다고 생각하니 집중도가 확 떨어진다.

여러 번 같은 것을 보는 아이들은 매번 볼 때마다 지난번에는 안 들렸던 것을 새롭게 알아가는 재미를 아는 아이들이다. 그래서 수업하는 아이들에게 영어 DVD를 빌려주면 오히려 동생이 더 재미있어한다는 이야기를 자주 듣는다. 동생이 여러 번 보고 싶어 해서 할 수 없이 여러 번 봤다는 아이들도 많다.

나이보다 정신연령을 기준으로 한다

이렇게 취학 전에 영어 DVD를 통해 리스닝 훈련이 충분히 된 아이들은 초등학생이 되어 영어책 읽기를 시작해도 빠른 속도로 영어 실력이 는다. 영어책을 통해 영어를 처음 접하는 아이들은 페이지 넘김 사운드에 귀를 기울여야 CD가 읽어주는 부분에 맞게 책을 볼 수 있다. 잠시라도 딴 생각을 하다가 페이지 넘김 사운드를 놓쳤다가는 CD가 지금 어디를 읽고 있는지 찾을 길이 없다. 그러나 영어 DVD를 통해 영어 귀가 트인 아이들은 아주 편안하게 영어책을 들을 수 있다. 이미 많은 영어 단어나 표현을 소리로 구별할 수 있기 때문에 CD가 읽어주는 것을 들으며 영어 실력이 쑥쑥 자란다.

그런데 '어리다'는 것은 단지 나이만을 의미하지는 않는다. 정신연령이라고 해도 좋을 듯하다. 고학년이라도 정신연령은 낮은 아이들이 있다. 대개 나이에 비해 순진하고 해맑은 아이들이다. 그런 아이들은 순수해서 유치한 1단계의 영어 DVD도 재미있게 몰입하여 본다.

반면 어떤 아이들은 나이에 비해 성숙하다. 애어른 같은 느낌이 드는 아이들은 더욱더 유치한 것을 못 참는다. 자신의 아이가 이런 성향이라면 영어 DVD를 일찍부터 보여줘야 한다. 본인의 정신연령에 맞는 것을 봐야 영어책이든 영어 DVD이든 온전히 몰입해서 보고 재미도 만끽할 수 있기 때문이다.

애어른 같은 아이가 유치한 것은 싫다며 빠르고 자극적인 영어 DVD 시리즈를 보여달라고 하면 어떻게 해야 할까? 처음부터 빠른 것을 보면 그림만 보이지 소리는 거의 알아듣기 힘들기 때문에 별 효과가 없다. 자기 레벨에 맞지 않는 빠른 속도의 영어 DVD를 몇 년간 본 아이들은 리스닝 실력이 거의 늘지 않는다.

영어 DVD는 전략적으로 보여줘야지 아이가 원한다고 아무거나 막 보여주면 안 된다. 처음부터 자극적인 것을 보여주면 잔잔하고 속도가 느린 것은 보지 않으려고 한다. 아이가 어리다면 화려한 디즈니 만화부터 시작하면 안 된다. 한 에피소드가 10분에서 15분 정도 하는, 짧고 말하는 속도가 느리고 화면도 잔잔한 수채화 같은 그림의 영어 DVD 시리즈부터 시작하는 것이 좋다. 그러면 아이는 들으면서 알아들을 수 있는 단어와 문장이 점점 늘어난다. 그렇게 점점 난이도를 올려주면 빠른 속도의 디즈니 만화도 알아들을 수 있는 리스닝 실력을 갖게 된다. 제대로 이해가 안 되는 영어책이 별로 재미없듯이, 대사를 제대로 못 알아들으면 그 영어 DVD의 재미를 제대로 만끽할 수 없다.

영어 DVD는 어릴 때 시작할수록 유리하다고 했는데, 아이가 이미 초등 고학년이거나 그 이상이면 어떻게 해야 할까?

고학년 아이들은 대부분 영어를 잘하고 싶다는 의지가 강하기 때문에, 차라리 좋아하는 영어 DVD를 골라 한 문장씩 받아쓰고, 동시에 말하는 훈련을 하는 것이 더 효과적일 수 있다. 본인이 기꺼이 그렇게 할 용의가 있다면 말이다. 그러면 더 짧은 시간 안에 리스닝 실력을 키울 수 있다.

어떻게
보여줄까?

영어 DVD는 영어 자막, 한글 자막, 무자막 중에 어떻게 보여주는 것이 가장 효과적일까? 영어를 전혀 안 한 아이가 영어 DVD만 영어 자막으로 보다가 어느 날 영어책도 줄줄 읽게 되었다는 기적 같은 이야기를 듣긴 했다. 그러나 그게 그렇게 흔한 경우는 아니다.

《산골 소년 영화만 보고 영어박사 되다》의 저자 나기업은 먼저 한글 자막으로 영화를 한 번 본 후에 영어 대사가 화면과 동시에 줄줄 나올 때까지 수백 번을 본다고 한다. 그러나 대부분의 아이들은 같은 것을 그렇게 수백 번 보지는 않는다.

자막이 없는 것이 가장 좋다

나는 보통 초등학생이라면 무자막으로 보는 것이 가장 좋다고 생각한다. 일단 영어를 조금이라도 아는 아이들은 자막이 나오면 그것이 영어든 한글이든 소리에 집중하지 않는다.

어떤 영화에서 "You can do this"라는 문장을 어찌나 빨리 말하는지 나도 알아들을 수가 없었다. 이 문장이 글로 쓰여 있었다면 내가 몰랐을까? 글로 쓰여 있으면 충분히 이해할 수 있는 쉬운 문장이라도 빠르게 지나가는 소리로만 듣고는 알아듣기가 쉽지 않다. 게다가 영어 DVD에서는 시끄러운 배경 소리 속에서 대사를 알아들어야 하기에 더욱 어렵다. 영어를 눈으로만 보고 읽은 사람은 영어를 소리만 듣고 알아듣는 리스닝 훈련은 전혀 되어 있지 않다. 나도 학창 시절에 영어 듣기 평가가 가장 어려웠으며, 직장 생활을 할 때 가장 두려운 것이 외국인 거래처에서 오는 전화를 받는 일이었다.

요즘은 TV 예능 프로그램에서 한글조차 친절하게 자막으로 띄워 시청자의 이해를 도와주지만, 우리가 실제 현실 세계에서 상대와 대화할 때는 아무런 자막도 뜨지 않는다. 온전히 그 사람이 말하는 소리만 듣고 알아들어야 대화가 오갈 수 있다. 그러니 무자막으로 영어 소리만 듣고 알아듣는 훈련은 필수일 수밖에 없다.

스피킹을 하기 위해서는 리스닝이 기본이다. 과묵한 사람이라면 말을 별로 안 할 수 있지만, 그래도 상대가 하는 말은 기본으로 알아들어야 대화가 시작된다. 이런 이유에서, 나는 몇 가지 일상적인 대화 패턴만을 반복적으로 훈련해서 마치 영어로 말할 수 있는 것처럼 보여주기 위한 스피킹 수업은 별 의미가 없다고 생각한다. 이런 식으로 훈련한 스피킹이라면 외국인과 5분만 얘기해도 대화거리가 바닥날 것이기 때문이다.

이때는 자막으로 보여줘도 좋다

그러면 영어 자막이나 한글 자막으로는 절대 보여주면 안 되는 것일까? 물론 예외는 있다.

아이가 열 번 이상 같은 것을 반복해서 보는 아이라면 일곱 번째에는 영어 자막, 여덟 번째에는 한글 자막으로 보여줘도 된다. 꼭 일곱 번째, 여덟 번째에 그렇게 보여주라는 것이 아니라 그렇게 하나를 여러 번 보는 아이들은 한두 번쯤은 정확한 이해를 돕기 위해 자막으로 보여줘도 된다는 뜻이다. 한두 번 보고 마는 아이에게 자막으로 보여주는 것은 한글 TV를 보는 것처럼 즐기는 것에서 끝나버리지 영어 공부는 되지 않는다.

한글 더빙으로 보여주는 경우

그럼 아이가 자꾸 내용을 잘 못 알아듣겠다면서 답답해하고 한글로 보여달라고 조르면 어떻게 해야 할까? 나는 우리 아이들이 어릴 때, 칭찬 스티커판을 하나 다 모으면 아이가 보고 싶어 하는 영어 DVD의 에피소드 하나만 한글 더빙으로 보여주었다. 아이들 입장에서 보면 한글 더빙은 내용을 확실히 알 수 있어서 좋긴 하지만, 많이 듣던 주인공들의 목소리와는 달라서 뭔가 어색하다고 느낀다. 그래서 리스닝 실력이 늘어날수록 한글 더빙으로는 안 보고 싶어 한다.

나도 언젠가 외국 영화에서 배우 송승헌이 다른 목소리로 더빙된 영화를 본 적이 있었는데, 도저히 거슬려서 볼 수가 없었다. 이런 방법이 쌓이면 아이들로부터 한글 더빙을 졸업시킬 수 있다. 그러나 영어 자막으로 보는 습관이 든 아이들은 그 편리함에서 벗어나지 못한다. 주인공의 목소리는 그대로이고 자막으로 내용을 확실히 알 수 있으니 아이 입장에서는 매우 쾌적한 환경이다. 계속 자막을 켜놓고 봤으니 자막이 화면을 가려서 거슬린다는 느낌도 별로 들지 않는다. 이런 상태로는 영어 리스닝 실력이 늘어날 리가 없다.

그래서 영어 DVD는 일단 무자막으로 보여주되, 아이가 푹 빠져서 열 번 이상 반복해서 보는 시리즈라면 한두 번은 한글 더빙이나 영어 자막으로 보여주는 방식을 택하자.

무엇을
보여줄까?

막상 아이에게 영어 동영상을 보여주려고 하면 어떤 매체로 보여주어야 할지 고민이 될 것이다. 나는 주로 각 시리즈별로 따로 구입해야 하는 영어 DVD, 무료 동영상이 많은 유튜브, 유료로 이용하는 VOD(Video On Demand) 서비스, 인터넷으로 영화를 볼 수 있는 넷플릭스 네 가지 매체를 이용한다.

이 네 가지 매체의 장단점은 확연하다. 따라서 각 가정의 상황에 가장 맞게 적절한 매체를 선택해서 아이가 편안하게 볼 수 있도록 하는 것이 중요하다.

영어 DVD, 다른 데로 빠질 염려가 없다

영어 DVD는 아이 레벨에 맞는 것만 구입해서 보여줄 수 있어서 빠르고 자극적인 영어 만화를 일찍 접하지 않게 관리할 수 있는 것이 장점이다. 특히 전용 DVD 플레이어를 통해 보여주면 다른 데로 빠지지 않고 DVD에만 온전히 집중할 수 있다.

컴퓨터를 이용해서 틀어주면 인터넷에 접속하고 싶은 마음이 들 수도 있다. 게다가 지역 코드가 맞지 않을 경우 지역 코드를 매번 바꿔주어야 하는 단점이 있다. DVD에는 나라별로 지역 코드가 있다. 우리나라에서 제작된 DVD만 보여줄 때는 괜찮지만, 외국에서 직수입한 DVD를 넣으면 지역 코드를 변경하라는 메시지가 뜨거나 에러 메시지가 뜬다. 그래서 엄마표 영어를 하는 사람들은 주로 전 세계 DVD를 지역 코드와 상관없이 볼 수 있는 인비오(Invio) DVD 플레이어를 많이 사용한다.

인비오 DVD 플레이어는 화면을 틀지 않고 CD처럼 소리만 나오게 할 수 있는 기능이 있다. 그래서 아이들이 한 번 이상 본 영어 DVD를 놀 때나 잘 때 흘려 듣기용으로 틀어놓을 수 있다. 요즘에는 아예 DVD를 제작할 때 CD와 함께 나오는 시리즈도 꽤 된다. 이때는 CD를 차에 두고 이동할 때 들려주면 좋다.

한 번 본 영어 DVD는 소리만 따로 계속 들려줘도 효과적이다. 나 역시 우리 아이들이 조금이라도 영어 소리에 익숙해지라고, 자투리 시간에 영어 DVD를 틀어놓아 자연스럽게 소리를 듣도록 유도했다.

영어 DVD를 전용 DVD 플레이어로 보면 컴퓨터로 인터넷 접속을 한다든가 TV를 본다든가 이렇게 다른 쪽으로 빠질 염려가 없다. 나는

TV 겸용 모니터에 DVD 플레이어를 연결해서 우리 아이들이 여섯 살, 일곱 살 때부터 초등 내내 보여줬다. 이 모니터로는 DVD만 볼 수 있어서 다른 쪽으로 빠질 수 없는 점이 마음에 들었다.

휴대용 DVD 플레이어도 하나 구입해서 장거리 여행을 갈 때는 들고 갔다. 외동인 아이들은 휴대용만 있어도 불편함이 없으니 굳이 나처럼 두 종류를 살 필요가 없다.

영어 DVD의 단점은 손상되거나 깨진다는 것이다. 한 시리즈 중에서 몇 개가 이렇게 되면, DVD 케이스 뒷면에 나와 있는 제작회사에 전화를 걸어 AS를 요청할 수 있다.

가장 많이 영어 DVD를 제작하는 곳은 스크린 에듀케이션(애플리스 외국어사)과 앰앤브이(M&V)다. 스크린 에듀케이션은 어디에서 구입했는지 물어보고는 무료로 보내주었고, 앰앤브이는 DVD 한 개당 7,500원에 배송비는 따로 받았다. 영어 DVD 시리즈는 대부분 스토리가 이어져 있는 것이 아니라서 한두 개가 깨져도 보는 데에 지장이 없지만, 어떤 시리즈는 스토리가 이어져서 한 개라도 빠지면 내용 연결이 안 되는 것도 있으니 주의 깊게 살펴보기 바란다.

영어 DVD는 아이들마다 호불호가 강하기 때문에, 우리 아이가 좋아할 것 같아서 샀는데 안 보는 것도 있다. 그래서 먼지만 쌓인 영어 DVD 시리즈도 있다. 지금은 유튜브에서 먼저 에피소드를 보여준 뒤에 아이들이 오케이 하면 그때 구입한다.

나는 영어 DVD는 주로 네이버의 도치맘 카페에서 공동구매를 할 때

사거나, 인터넷 서점 알라딘을 애용한다. 영어 DVD 할인 쿠폰을 항상 받을 수 있고, 아이사랑(아이행복) 카드를 이용하면 추가 할인도 받을 수 있어 좋다.

유튜브, 수많은 무료 동영상을 이용할 수 있다

유튜브에는 많은 영어 만화 에피소드가 올려져 있다. 그런데 자막이 있거나 화질이 별로인 것도 있어서 잘 선별해야 한다. 유튜브를 볼 때는 검색어에 따라 별별 이상한 동영상으로 다 빠질 수 있으므로 아이 혼자 보게 하는 것은 안 좋다. 물론 로그인을 해서 성인 것을 보지 못하게 차단할 수는 있다.

매월 정액을 내고 유튜브 프리미엄 서비스를 이용하면 광고 없이 볼 수도 있고, 마음에 드는 것을 다운받아 놓았다가 와이파이가 안 되는 곳에서도 컴퓨터나 스마트폰으로 보여줄 수 있는 장점이 있다.

나는 미국의 존 맥아더(John MacArthur) 목사의 설교를 다운받아서 운전할 때 들으면서 셰도잉(shadowing)을 한다. 셰도잉을 하면 그냥 흘려들을 때보다 내용에 더 집중하게 된다. 존 맥아더 목사의 설교는 발음이 분명해서 셰도잉을 하기에 좋다. 유튜브 프리미엄 서비스 덕분에 운전 중에도 유튜브를 이용할 수 있어서 편리하다.

VOD 서비스, 보고 싶은 DVD를 골라 볼 수 있다

VOD는 'Video on Demand'의 약자로 영어 DVD를 별도로 구입하지 않아도 매월 일정 금액을 내고 마음대로 여러 영어 DVD를 볼 수 있는 서비스다. 레벨별로 분류되어 있어서 고르기에 편하지만, 기대한 만큼 많은 종류의 영어 DVD가 업로드되어 있지 않다. 가끔 일정 기간 약정을 하면 갤럭시탭을 함께 주는 이벤트를 하기도 한다.

넷플릭스, 빅데이터로 개인의 취향을 저격한다

월정액을 내고 내 맘대로 골라 보는 넷플릭스는 인터넷 접속만 되면 컴퓨터나 스마트폰 상관없이 영어 만화를 볼 수 있는 플랫폼이다. 넷플릭스에서도 오프라인에 저장할 수 있는 서비스를 시작했지만 아직 그 종류가 많지는 않다.

넷플릭스에는 키즈 콘텐츠가 따로 있어서 꽤 많은 영어 DVD 시리즈를 볼 수 있다. 영어 DVD로 나와 있지 않은 영어 만화나 어린이용 영화도 키즈 콘텐츠에서 마음대로 골라 볼 수 있다. 자막도 대부분 무자막, 영어 자막, 한글 자막 선택이 가능하다.

넷플릭스는 전 세계 넷플릭스 시청자들의 빅데이터(Big Data) 분석을 바탕으로 자기 취향에 맞게 추천해주기 때문에, 한 시리즈가 끝나고 그 다음에는 뭐를 볼지 오래 고민하지 않아도 된다. 다만, 레벨별로 나누어진 것이 아니라서 영어 초급자보다는 고급자에게 적합하다고 생각한다. 우리 아이들처럼 영어 DVD를 몇 년간 충분히 봐서 귀가 트였다면 넷플릭스를 통해 원하는 것을 마음껏 골라 보는 것을 추천한다.

넷플릭스에서는 추가 금액을 내면 가족 개개인을 추가할 수 있다. 그래서 가족도 구성원 개인별 취향에 따라 추천을 받을 수 있다. 현재 우리 아이들은 키즈 콘텐츠를 보고, 영화는 부모와 함께 본다. 나도 20여 년 전에 재미있게 봤던 시트콤 〈프렌즈〉를 다시 무자막으로 보고 있는데, 영어 공부도 되고 재미있다. 어른들도 이렇게 넷플릭스에서 자기가 보고 싶은 영화를 볼 수 있으니 일석이조다. 아이가 자기 레벨에 맞는 만화 영화 시리즈를 볼 수 있도록 부모가 잘 지도할 수 있다면 영어 DVD를 구입하는 것보다 비용이나 관리 면에서 훨씬 편하다.

부록

아이를 위한
영어 자료
추천 리스트

The 100 Great Books

미국의 시카고 대학교는 전 세계에서 노벨상 수상자를 가장 많이 배출한 명문 대학교로, 공부를 가장 많이 시키기로 유명하다. 이 대학교가 공부를 많이 시킨다고 알려진 이유는 학부 과정 중에 100권의 고전을 읽어야 하기 때문이다. 이것이 바로 널리 알려진 로버트 허친스(Robert Hutchins) 총장의 '시카고 플랜(Chicago Plan)'으로, 이 학교에서 선정한 100권의 고전은 'The Great Books'로 불린다.

이에 자극받아 올해 초부터 키즈엔리딩 리딩 연구소와 전국의 원장들은 오랜 시간 동안 영어 독서로 그 실력을 다져온 아이들이 읽으면 좋을 'The 100 Great Books'를 선정하기 위해 노력해왔다. 원장들이 직접 읽은 책들도 추천하고, 자료도 조사하면서 여러 번의 회의를 거처 드디어 7월에 100권의 책을 선정했다. 엄마표 영어를 오랫동안 해서 레벨이 높은 아이들이 도전해볼 만한 리딩 레벨 4~10점대의 고전, 뉴베리 수상작, 뉴욕타임스 스테디셀러 등 다양한 종류의 책들이다. 초등 고학년부터 중학교 아이들이 읽으면 좋을 재미와 감동, 깊이 있는 사고를 가능하게 하는 픽션(fiction) 78권, 논픽션(nonfiction) 22권을 선정했다. 유명한 책들이라도 너무 어둡거나 아이들이 읽기에 부적절한 내용을 다루는 것들은 제외했다. 리딩 레벨이 높은 아이들에게 어떤 책을 추천해야 할지 어려워하는 경우가 많기에, 이 리스트가 도움이 되리라 생각한다. 모든 책에 리딩 레벨이 매겨져 있는 것은 아니므로 리스트 중에 리딩 레벨이 빠져 있는 책들도 있다.

나는 로맨틱 코미디 소설을 좋아하는데, 좋아하는 작가의 신간이 나오면 아마존닷컴에 들어가서 독자들의 리뷰를 읽어본다. 그러면 내가 원하는 내용의 책인지 아닌지 판단하는 데에 큰 도움이 된다. 이 리스트 중에서 괜찮아 보이는 책이 있으면 아마존닷컴에서 검색해보면 된다. 이 정도 레벨의 책을 읽을 수 있는 아이라면 영어로 쓰인 미국 독자들의 리뷰를 충분히 읽고 이해할 수 있을 것이다.

No	제목	작가	AR
1	Sarah, Plain and Tall(외 4권)	Patricia MacLanchlan	3.4
2	Because of Winn-Dixie	Kate DiCamillo	3.9
3	The Cobble Street Cousins	Cynthia Rylant	4
4	Bunnicula(외 6권)	Deborah Howe, James Howe, Alan Daniel	4.2
5	Flora & Ulyess	Kate Dicamillo	4.3
6	Charlotte's Web	E.B. White	4.4
7	Miraculous Journey of Edward Tulane	Kate DiCamillo	4.4
8	Escape from Mr. Lemonchello's Library(외 2권)	Chris Grabenstein	4.5
9	Harriet the spy	Louise Fitzhugh	4.5
10	Number the stars	Lois Lowry	4.5
11	The Attacks of September 11, 2001 (외 17권)	Lauren Tarshis	4.5
12	Things not seen	Andrew Clements	4.5
13	Bridege to Terabithia	Katherine Paterson	4.6
14	Holes	Louis Sachar	4.6
15	A Wrinkle in Time	Madeleine L'Engle	4.7
16	Danny The champion of the world	Roald Dahl	4.7
17	Maniac Magee	Jerry Spinelli	4.7
18	The catcher in the rye	J.D Salinger	4.7
19	The Tale of Despereaux	Kate DiCamillo	4.7
20	Chalie and the chocolate Factory	Roald Dahl	4.8
21	Flipped	Wendelin Van Draanet	4.8
22	James and the giant peach	Roald Dahl	4.8
23	The BFG	Roald Dahl	4.8

24	The Girl who drank the moon	Kelly barnhill	4.8
25	wonder	R.J. Palacio Knopf	4.8
26	Dear Mr. Henshaw	Beverly Cleary	4.9
27	Walk Two Moons	Sharon Creech	4.9
28	Matilda	Roald Dahl	5
29	The call of the wild	Jack London	5
30	The little Prince	Antoine de Saint-Exupery	5
31	The wishing Spell(외 5권)	Chris Colfer	5
32	Lord of Flies	William Golding	5
33	The Book of Thief	Markus Zusak	5.1
34	The Grave yard book	Neil Gainman	5.1
35	The house of the Scorpion	Nancy Farmer	5.1
36	The invention of Hugo Cabret	Brian Selznick	5.1
37	The old man and the sea	Ernest Hemingway	5.1
38	Fahrenheit 451	Ray Bradbury	5.2
39	The wall	Peter sis	
40	Kite Runner	Khaled Hossini	5.2
41	Pollyanna	Eleanor H. Porter	5.2
42	Esperabza Rising	Pam Munoz Ryan	5.3
43	Frindle(외 9권 School Stories Best)	Andrew Clements	5.4
44	Island of the blue Dolphin	Scott O'Dell	5.4
45	Little women	Louisa Alcott	5.4
46	The hundred dresses	Eleanor Estes	5.4
47	Waiting for Godot	Samuel Beckett	5.4
48	The Curious Incident of the Dog in the Night-time	Mark Haddon	
49	Ender's Game(외 8권)	Orson Scott Card	5.5

50	Harry potter and the sorcerer's stone(외 7권)	J.K. Rowling	5.5
51	Where the mountain Meets the moon	Lin Grace	5.5
52	Ella Enchanted	Levine Gail Carson	5.6
53	Jonathan Livingston Seagull	Richard Bach	5.6
54	Mr.Popper's Penguins	Richard Atwater	5.6
55	Mysterious Benedict Society(외 4권)	Trenton Lee Stewart	5.6
56	Ramona Quimby, Age 8(외 7권)	Beverly Cleary	5.6
57	Hatchet	Gary Paulsen	5.7
58	Life of Pi	Yann martel	5.7
59	The giver(외 3권)	Lois Lowry	5.7
60	The Lion, the Witch and the Wardrobe 2(외 6권)	Lewis Carroll	5.7
61	Julie of the wolves	Jean Craighead	5.8
62	A little Princess	Burnett, Frances Hodson	6
63	Mary Poppins	P.L. Travers	6.1
64	The secret Garden	Burnett, Frances Hodson	6.3
65	Alchemist	Paulo Coelho	6.4
66	A Series of Unfortune Events : The bad beginning(외 12권)	Lemony Snicket	6.4
67	Da vinci Code	Dan Brwon	6.4
68	A single shard	Linda Sue Park	6.6
69	Adventures of Huckleberry Finn	Mark Twain	6.6
70	The Hobbit(Film tie- in edition)	J.R.R. Tolkien	6.6
71	The Phantom of tollbooth	Norton Juster	6.7
72	The wonderful Wizard of Oz(외 4권)	Baum, L. Frank	7
73	The Golden Compass(외 1권)	Pullman, Philip	7.1

74	Animal Farm	Geo Orwell	7.3
75	Alice's Adventure in Wonderland	Lewis Carroll	7.4
76	Black beauty	Anna Seawell	7.7
77	1984	George Orwell	8.9
78	Sherlock holmes	Cornan Doyle	
79	Who moved my cheese?	Spencer Johnson	4.1
80	Washington's war(외 7권)	Stacia Deutsch	4.5
81	Leonardo Da vinci (Usborne Young Reading Level 3)	Karen Ball	5
82	Steve jobs(외 62권 Who Was 시리즈)	Meg Belviso, Pam Pollack	5
83	The Story of the world(외 3권)	Susan Wise Bauer	5
84	Christopher Columbus (Usborne Young Reading Level 3)	Minna Lacey	5.3
85	Florence Nightingale (Usborne Young Reading Level 3)	LucyLethbridge	5.5
86	The impressionist (Usborne Young Reading Level 3)	Rosie Dickins	5.6
87	Julius Caesar (Usborne Young Reading Level 3)	Rachel Firth	5.7
88	Titanic(Usborne Young Reading Level 3)	Katie Daynes, Anna Claybourne	5.9
89	The story of slavery (Usborne Young Reading Level 3)	Sarah Courtauld	5.9
90	Anne Frank	Anne Frank	6.5
91	The First World war (Usborne Young Reading Level 3)	Conrad Mason	6.5
92	The Second World war (Usborne Young Reading Level 3)	Conrad Mason	6.7
93	Bomb	Steve Sheinkin	6.9

94	I have a dream	Martin Luther King Jr.	7.2
95	Steve jobs/ Think Differntly	Patricia Lakin	8
96	Mere Christianity	Lewis Carroll	
97	Dispatches from the Edge	Anderson Copper	
98	The Beginner's Bible Holy Bible	Zondervan	
99	Chicken soup of the soul	Jack Canfield	
100	A little history of the world	Gombrich	

영어 DVD 시리즈 베스트 30

영어 DVD는 아이 레벨에 맞게 보여주는 것이 중요하다. 대화의 속도와 한 에피소드의 길이가 레벨을 정하는 기준이 된다. 보통 하나의 DVD에는 여러 개의 짧은 에피소드가 들어가 있다. 나는 그림이 수채화처럼 잔잔하고 담백하며, 한 에피소드가 15분 미만이며 속도가 느린 것을 1단계로 정했다.

처음 영어를 시작하는 아이들에게는 이 1단계 DVD부터 보여주어야 영어 귀를 트이게 할 수 있다. 그림이 더 현란하고, 한 에피소드의 길이도 길어지며, 대화 속도가 더 빨리지는 정도에 따라 2단계와 3단계로 나누었다.

〈맥스 앤 루비(Max and Ruby)〉

루비 누나와 맥스 남동생의 이야기다. 맥스는 겨우 단어 정도를 말할 정도로 아기 토끼이지만 귀여운 개구쟁이다. 그래서 항상 누나가 하려고 하는 일에 말썽을 일으킨다. 그러나 결국은 맥스 덕분에 일이 잘 해결되는 경우가 많다. 이 시리즈를 싫어하는 아이들은 거의 보지 못했다.

〈슈퍼 윙즈(Super Wings)〉

비행기 호기가 전 세계로 택배를 배달하면서 그 나라의 어린아이를 만나 도움을 주는 이야기다. 세계 문화와 인사말 등을 배울 수 있다. 남자아이들이 특히 좋아하지만 여자아이들에게도 인기 있는 시리즈다.

〈파자마 삼총사(PJ Masks)〉

캣보이(Catboy), 겟코(Gekko), 아울렛(Owlette) 이 세 명의 어린아이들이 밤마다 위험에 빠진 도시를 구하는 이야기다. 액션과 악당이 나오는 시리즈라 아이들이 재미있어한다. 1단계 중에서 가장 속도가 빠르다.

〈그루팔로(Gruffalo)〉

줄리아 도널드슨(Julia Donaldson)의 영어 동화책을 영화처럼 만든 DVD다. 〈그루팔로 차일드(Gruffalo's Child)〉, 〈막대기 아빠(Stick Man)〉, 〈마법의 빗자루(Room on the Broom)〉 모두 그녀의 작품이고, 마치 한 편의 쉬운 영화를 보는 느낌이라 아이들이 좋아한다.

〈오, 키퍼(Kipper)〉

개 키퍼와 동물 친구들의 잔잔한 이야기가 수채화 같은 그림에 담겨 있어 영어 초보자가 보기에 좋다. 약간의 신기한 일들도 일어나서 은근히 이 시리즈에 열광하는 아이들이 꽤 많다.

〈호기심 대장 삐약이(Peep and the Big Wide World)〉

Quack(오리 꽥), Peep(병아리 핍), Chirp(아기새 첩) 이렇게 앵그리버드(Angry Bird) 게임 캐릭터처럼 생긴 아기 새들이 세상을 발견해가는 이야기다. 똑똑한 핍이 주인공이긴 한데, 오리에 대한 자부심이 강하고 잘난 척을 하는 꽥 덕분에 자꾸 웃게 된다. 첩은 날고 싶은 꿈을 가지고 있지만 제대로 날지 못한다. 유머 넘치는 대사가 많은데 이 내용을 알아들어야 더 재미있기 때문에 영어 완전 초보에게는 좀 어렵다.

한 에피소드가 끝나면 그 에피소드의 과학적 원리를 아이들이 직접 나와 실험해보기도 하면서 설명해주기 때문에 어른들도 좋아한다.

〈디에고(Go Diego Go)〉

도라의 사촌 디에고는 위험에 빠진 동물들을 구하는 일을 한다. 디에고가 멕시코인이라 그런지 스페인어도 같이 가끔 나온다. 이 시리즈는 희귀한 동물들에 대해서 배울 수 있는 내용이라 특히 동물에 관심이 많은 아이들이 좋아한다.

〈페파 피그(Peppa Pig)〉

페파 돼지 가족의 이야기다. 영국식 발음인데 그림이 귀여워서 재밌게 보는 아이들이 많다. 주인공들이 돼지라 한마디를 할 때마다 돼지 소리를 내는데, 아이들은 재미있다며 그 소리를 흉내내기도 한다. 아이들이 보면서 깔깔 웃고 난리가 나는 시리즈다.

〈리틀 아인슈타인(Little Einsteins)〉

비행기, 제트기, 배로 변신하며 아이들과 세계 곳곳을 여행하는 로켓과 네 명의 어린아이들이 나온다. 아이들마다 자신만의 재능을 발휘해 함께 문제를 해결해나가는 것이 재미있다. 클래식 음악과 명화를 자연스럽게 배울 수 있는 독특한 시리즈다.

〈립 프로그(Leap Frog)〉

파닉스를 재미있는 DVD로 배울 수 있는 시리즈다. 주인공 개구리가 글자 공장(Letter Factory)과 단어 공장(Word Factory)을 방문하는 이야기로 파닉스를 배운다. 파닉스와는 관련 없는 내용도 들어 있다.

〈피터팬의 모험(The New Adventures of Peterpan)〉

주인공 어린이들의 일상과 네버랜드에서의 모험이 연결되어 있는 새로운 피터팬 이야기다. 웬디, 존, 마이클이 엄마에게 지저분한 방 때문에 꾸중을 들으면, 네버랜드에서는 후크 선장이 지저분한 해적선 청소로 고민하는 식이다. 3D 애니메이션처럼 화면이 화려해서 아이들의 시선을 사로잡기에 충분하다.

〈리틀 프린세스 소피아(Sophia the First)〉

신발 가게에서 일하는 소피아의 엄마가 신발을 맞추러 온 왕과 결혼하면서 소피아는 어느 날 갑자기 공주의 신분이 되었다. 선물로 받은 신비한 목걸이 덕분에 동물들과 대화를 할 수도 있고, 도움이 필요할 때 다른 공주들이 나타나서 도와주기도 한다. 현명하고 사랑스러운 소피아가 공주로 지내며 겪는 모험 이야기가 재미있다.

〈큐리어스 조지(Curious George)〉

노란 모자를 쓴 아저씨가 기르는 호기심 많은 원숭이 조지의 이야기다. 호기심이 많아서 자꾸 말썽을 일으키지만 왠지 사랑스러운 조지 덕분에 일상이 재미있어진다. 조지는 원숭이라 말을 안 하지만 주인인 노란 모자 아저씨와 그 주변 인물들의 대화가 재미있다.

〈옥토넛(Octonauts)〉

문어 모양의 잠수함을 타고 옥토넛 대원들이 위험에 빠진 해양 동물들을 구해주는 이야기다. 영국에서 만들어진 시리즈이지만 영국 악센트가 강하지는 않다. 신기한 해양 동물과 그 생태에 대해 배울 수 있다. 어려운 용어들도 많이 나오는 편이지만 아이들은 주인공들이 귀엽게 생겨서 좋아한다.

〈매직키 어드벤처(The Magic Key)〉

영어책 시리즈 '옥스퍼드 리딩 트리' 주인공들이 등장하는 매직키 모험 이야기다. 미국식으로 녹음된 영어책 시리즈와는 달리 강한 영국식 발음이다. 영어책 시리즈와는 겹치는 이야기가 하나도 없다. 영어책에서는 매직키가 갑자기 빛나면서 모험이 시작되지만 DVD에서는 개 플라피(Floppy)가 "I wish~"라고 소원을 말하면 모험이 시작된다.

〈찰리와 롤라(Charlie and Lola)〉

영국 BBC에서 만든 귀여운 롤라와 착한 오빠 찰리의 이야기다. 《Charlie and Lola》 영어책 시리즈 중에서 한글로 번역 출간된 《난 토마토 절대 안 먹어》(로렌 차일드 지음, 조은수 옮김, 국민서관, 2001)로도 유명하다. 두 남매가 펼치는 상상의 나래에 푹 빠지게 되는 사랑스러운 시리즈다.

〈엘로이즈(Eloise)〉

뉴욕 호텔 꼭대기룸에 사는 부유한 장난꾸러기 소녀 엘로이즈가 주인공이다. 엄마는 나오지 않고, 유모와 집사가 엘로이즈를 돌본다. 뉴욕의 빠른 말투를 접할 수 있다. 영어책 시리즈는 쉬운데, DVD는 속도가 빨라서 꽤 어렵게 느껴진다. 엘로이즈 영어책을 재미있어한다고 이 DVD를 바로 보여준다면 아이가 거의 이해하지 못할 것이다.

〈마들렌의 모험(New Adventures of Madeline)〉

프랑스 파리의 기숙사에서 열한 명의 친구들, 수녀 선생님과 생활하는 귀엽고 용감한 마들렌의 이야기다. 프랑스식 발음을 들을 수 있다.

〈클리포드(Clifford)〉

에밀리는 생일 소원으로 개를 가지고 싶다고 빈다. 작고 약하던 강아지 클리포드가 에밀리의 사랑 덕분에 쑥쑥 자라 집보다도 커지자, 클리포드를 키우기 위해 도시에서 버드 아일랜드로 이사를 와서 겪게 되는 이야기를 담았다. 섬사람들은 처음에 클리포드를 보고 걱정하지만, 여러 가지 도움을 주는 클리포드를 사랑하게 된다. 클리포드의 친구인 다른 개들도 나와 재미를 더한다.

클리포드가 강아지였을 때의 이야기를 담은 〈클리포드 퍼피 데이즈 (Clifford Puppy Days)〉는 작은 강아지 이야기라 큰 개가 되었을 때의 이야기보다 흥미가 떨어진다.

〈베렌스타인 베어즈(The Berenstain Bears)〉

유명한 영어책 시리즈와 에피소드 내용이 겹친다. 곰 가족의 일상에서 일어나는 일들을 통해 미국 문화를 엿볼 수 있다. 내용이 교훈적이고 재미있어서 아이들이 좋아한다.

〈아바타: 아앙의 전설(Avatar: The Last Airbender)〉

불, 물, 땅, 공기의 네 제국이 있는 가상의 세상에서 일어나는 모험 이야기로, 실사 영화로도 제작되었다. 네 제국의 세력 균형을 관장하는 사람이 아바타인데 아바타는 환생을 통해 네 제국에 순서대로 태어난다. 공기 제국에서 태어난 어린이 아바타 '아앙'이 100년 동안 얼음에 갇혀 있는 동안 불의 제국이 다른 제국들을 공격하여 식민지화한다. 얼음에서 깨어난 '아앙'이 불, 물, 땅, 공기를 자유자재로 다루는 기술을 배워가며 불의 제국과 싸우는 이야기다. 열다섯 개의 DVD로 구성되어 있는데 특히 13, 15번째의 DVD에 나오는 전쟁 장면에 남자아이들이 열광한다. 재미와 감동, 교훈이 있는 DVD 시리즈다.

〈마이 리틀 포니(My Little Pony)〉

마법의 나라에 사는 망아지 여섯 마리의 우정을 그린 이야기다. 시즌 5 이후에는 마법의 거울을 통해 사람이 되어 학교를 다닌다. 이퀘스트리아 걸즈(Equestria Girls)라고 불리는데, 록 그룹을 결성해서 노래를 부른다. 특히 여자아이들이 좋아한다.

〈바비(Barbie)〉

금발 인형 바비가 주인공으로 나오는 한 편의 만화영화 같은 시리즈다. 여러 마법의 세계에서 일어나는 다양한 스토리를 담고 있다. 이 시리즈 중에서 몇 개의 이야기는 DVD 두 개가 1, 2로 연결된 것도 있다. 한편 한편이 정말 재미있는 영화라서 여자아이들이 정말 좋아한다.

〈스폰지밥(SpongeBob)〉

바다 속 비키니시티의 햄버거 가게에서 일하는 스폰지밥과 어리숙한 친구 패트릭과 돈만 밝히는 햄버거 가게 사장, 햄버거 레시피를 훔치려는 플랑크톤 등 개성과 성격이 분명한 등장인물들이 펼치는 이야기가 끊임없이 웃음을 자아낸다. 눈이 튀어나오고 몸이 갈라지는 등 잔인한 장면이 아무렇지도 않게 불쑥불쑥 나오지만 아이들은 너무나 열광하는 시리즈다.

〈제로니모 스틸턴(Geronimo Stilton)〉

뉴마우스시티에서 신문사를 운영하는 제로니모의 모험 이야기다. 여러 이상한 사건을 취재하면서 그 사건을 해결하는 이야기가 흥미진진하다.

〈벤 10(Ben 10)〉

휴가 여행 중 이상한 시계처럼 생긴 것을 손목에 차면서 다른 능력을 가진 외계인으로 변신할 수 있게 된 벤의 이야기다. 벤이 초등학생 정도의 나이로 20개의 DVD, 청소년 정도의 나이로 열 개의 DVD가 나와 있다. 열 개의 다른 외계인으로 변신하여 악당들과 싸우는 이야기가 흥미진진하다. 어린이 영웅인 셈인데, 그렇게 착하지 않다. 남자아이들이 열광하는 시리즈다.

〈아이언맨(Iron Man)〉

토니 스타크의 청소년 시절을 담은 이야기다. 청소년인 토니 스타크가 아이언맨으로 악당들과 싸우는 시리즈인데, 〈어벤져스(Avengrs)〉의 등장인물들이 나와서 재미를 더한다. 대사가 아주 빠르다.

〈가필드(Garfield)〉

라자냐를 좋아하는 게으르고 뚱뚱한 고양이 가필드가 겪는 호러 판타지로 흥미진진하다.

〈매직 스쿨버스(The Magic School Bus)〉

과학 원리를 재미있는 이야기로 담은 시리즈다. 열정 넘치는 과학 선생님과 아이들이 함께 매직 스쿨버스를 타고 사람 몸속으로 들어가기도 하고, 물방울이 되어 물의 순환을 직접 경험하기도 한다. 책 시리즈와 내용이 같지만 책보다 DVD가 내용을 이해하기 더 쉽게 느껴진다.

〈틴 타이탄 Go(Teen Titans Go)〉

우리나라에는 아직 DVD로 출시되지 않았지만 넷플릭스를 통해 볼 수 있다. DC 코믹스 슈퍼히어로 팀 '틴 타이탄'을 원작으로 한 미국의 애니메이션이다. 각자 다른 능력을 가진 다섯 명의 슈퍼 히어로들이 일상에서 겪는 해프닝이 재미있다. 이들이 좀 더 자란 후의 이야기는 너무 어둡고 칙칙하지만, 어린아이들의 모습일 때는 밝고 유쾌하다.

영어책 시리즈 베스트 50

영어책 시리즈 베스트는 키즈엔리딩 신입 원장들에게 도움이 되었으면 해서 내가 자발적으로 만든 리스트다. 120여 개의 키즈엔리딩 추천 리스트는 이미 있었지만, 내가 직접 읽어보고 아이들에게 읽혀본 결과 반응이 좋았던 시리즈를 더 자세히 설명해 주고 싶은 생각이 들었기 때문이다. 처음에는 많은 시리즈를 알려주고 싶어서 70개 시리즈를 만들었다가 40개 시리즈로 줄였다. 거기에 최근 나온 시리즈 10개를 더 추가했다. 그래도 소개하고 싶은 모든 시리즈를 넣지는 못했다. 아이들에게 가장 인기 있는 시리즈만 추렸다고 보면 된다. 기존의 〈영어책 베스트 40 시리즈〉는 영어 독서에 관심이 많은 엄마들, 선생님들을 대상으로 책을 직접 보여주며 여러 번 강연도 했다. 각 영어책 시리즈의 특징과 장단점을 자세히 설명해 주고 싶어서였다.

　시리즈마다 총 권수를 넣은 것은 인기 있는 시리즈를 일부만 사서 다시 추가로 나머지를 구입하는 번거로움과 비용 낭비를 없게 하기 위해서다. 계속 출간되는 시리즈는 총 권수가 계속 바뀌기 때문에, 비고에 '계속 나옴'이라고 적어 놓았다. 절판된 시리즈도 포함되어 있는데, 이는 아이들에게 정말 반응이 좋은 책들이라 출판사에서 다시 판매했으면 해서다. 절판된 시리즈는 중고로 힘들게 구해야 한다. 특히 〈파운데이션 리딩 라이브러리(Foundation Reading Library)〉 시리즈는 한국에서 구하기 어려워서 키즈엔리딩 원장들이 작년 일본 서점 투어를 가서 구해오기도 했다. 우리나라에서는 중고로도 구하기가 힘들다.

　레벨은 키즈엔리딩 레벨(키리 레벨)을 기준으로 표기했는데, 키리 레벨과 르네상스 러닝의 AR 지수를 비교해 놓은 표를 참고하면 된다.

KIRI Level	AR Book Level
0	0.0 ~ 0.4
1	0.5 ~ 0.9
2	1.0 ~ 1.4
3	1.5 ~ 1.9
4	2.0 ~ 2.4
5	2.5 ~ 2.9
6	3.0 ~ 3.4
7	3.5 ~ 3.9
8	4.0 ~ 4.4
9	4.5 ~ 4.9
0	5.0 ~ 5.4
1	5.5 ~ 5.9
2	6.0 ~ 6.4
3	6.5 ~ 6.9

No	시리즈명	키리 레벨	총 권수 및 특징	비고
1	JY First Readers	0	**96**(이 중 첫 36권만 추천) • 사이트워드 중심의 쉬운 표현 • 손바닥만한 사이즈	
2	Sight Word Readers	0	**25** • 사이트워드 중심의 쉬운 표현 • 손바닥만 한 사이즈	
3	Nonfiction Sight Word Readers	0~1	**100** • 실사진으로 된 논픽션 사이트워드 • 손바닥만 한 사이즈	
4	Guided Science Readers	0~1	**76** • 실사진으로 된 논픽션 • 손바닥만 한 사이즈	
5	First Little Readers	0~1	**116** • 스칼래스틱에서 나온 패턴 반복의 손바닥만 한 사이즈의 책	
6	First Little Comics	0~1	**56** • 말풍선에 문장을 넣은 손바닥만 한 사이즈의 만화책 느낌 • 사랑스러운 그림과 귀여운 스토리 • 손바닥만 한 사이즈	
7	My First Book	0~1	**48** • 쉬운 책이면서도 스토리가 있어서 아이들이 공감하기 좋음 • 하드북 → 페이퍼백 → 세이펜 버전	'마퍼북'이라 불림, 낸시홀(저자)
8	Oxford Reading Tree	0~8	**348**(1+~12단계) • 영국의 한 가족이 주인공으로 일상, 모험(5단계부터)의 흥미로운 스토리	계속 나옴
9	Project X Alien Adventure	1~7	**72**(1~11단계) • The X로 몸을 작아지게 해서 일상이 모험이 됨. 외계인 녹(Nok)을 따라 신기한 행성으로 가서 모험을 함	계속 나옴
10	Now I'm Reading	0~3	**144**(6단계) • 파닉스 리더스, 6단계만 논픽션 • 가성비가 좋음	
11	Diego Readers	1~3	**11** • 위험에 처한 동물을 구하는 디에고 • 도라(Dora)의 사촌	

12	Scholastic Emergent Readers	1~2	**Social Studies, Science 각 60권** • 사회, 과학을 주제로 한 가장 쉬운 논픽션 시리즈 · 그림 대신 실사진으로 사실성 강조	절판
13	Stone Arch Readers	1~4	**60**(1~3단계) • 자동차, 애완동물 클럽, 괴물 등이 주인공인 창작 스토리가 흥미로움	시즌 2 (24권) 있음
14	Potato Pals	1	**12**(1, 2단계) • 감자 친구들이 주인공으로 학교, 캠핑장, 바닷가, 농장 등에서 쓰이는 표현을 익힘	
15	Sight Word Tales	2~3	**25** • 스토리와 그림이 흥미로운 사이트워드 스토리북	
16	Eloise	2~3	**8**(CD 있음) • 말괄량이 엘로이즈의 뉴욕 생활	
17	An Elephant and Piggie	1~2	**25** • 걱정 많은 코끼리 제럴드와 낙천적인 피기의 우정 이야기	
18	Little Critter First Readers	0~4	**30**(1~3단계) • 리틀 크리터의 가족, 친구 이야기가 유머러스해서 아이들이 좋아함	절판
19	Robin Hill School	2~3	**16** • 미국 아이들의 학교 생활을 엿볼 수 있는 시리즈	
20	Fly Frog	1~5	**76** (1단계 19권, 2단계 19권, 3단계 26권, 4단계 12권) • 1~3단계는 창작 이야기, 4단계는 전 세계 각 지역의 전래동화로 아이들이 재미있어함	
21	Fun To Read	1~5	**K~3단계**(단계별 10권, 30권, 34권, 22권) • 디즈니 애니메이션이 영어책으로 나온 것. 아이들이 만화 영화로 본 것들이 많아서 친근하게 느낌	계속 나옴

22	Usborne First Reading	1~5	**80** (1, 2단계 40권 / 3, 4단계 40권) • 이솝 우화나 창작 동화를 예쁜 삽화와 함께 접할 수 있음	계속 나옴
23	Fly Guy	2~5	**27** • 파리를 애완동물로 키우는 소년	계속 나옴
24	Magic Adventures	5	**6** • 만화책 아이들이 나쁜 마법사 다크와 싸우는 모험	
25	Avengers, Marvel Series	2~5	• 영화 〈어벤져스〉의 주인공들, 마블의 유명한 영웅들 이야기	
26	New Wishy Washy	2~4	**30** • 다양한 특징을 가진 캐릭터들이 주인공으로 등장함 • phrase로 끊어 읽어주는 트랙	
27	Little Princess	3~4	**10** • 귀여운 말괄량이 공주 이야기	
28	Froggy	3~5	**18** • 개구리 프로기의 재미난 일상	
29	Charlie and Lola	3~6	**25** • 오빠(찰리)와 동생(롤라)에 대한 얘기. 남매의 상상력이 재미있음	
30	Arthur Starter cf)Arthur Adventure (21권)	3~5	**14** • 아서(Arthur)의 가정, 초등학교 생활 이야기	
31	The Smurfs Reading Book	5	**6**(하드북) • 6명의 스머프가 각 권의 주인공	
32	Foundation Reading Library	3~4	**1~7단계**(단계별 6권 76종), 음원 5단계까지 • 고등학생들이 주인공으로 일상, 학교 생활, 모험 등이 쉬운 문장으로 쓰여 있어 재미를 줌	절판
33	Winnie the Witch	4~6	**18** • 마녀 위니의 어설프고 엉뚱한 마법, 세밀한 삽화가 흥미로움	계속 나옴

34	Sponge Bob Readers	4~6	**10** • 약간 엽기적이지만 아이들이 좋아함 • Storybook(18권, 절판)보다 쉬움	
35	Seriously Silly Stories Color	4~7	**8** • 요정과 구두쟁이, 못생긴 아기오리 등의 이야기를 패러디한 스토리	
36	Comic Rockets	6~8	**24**(1~3단계별 8권씩) • 재미있는 캐릭터들이 등장하는 만화 같은 책	
37	Zak Zoo	4~5	**8** • 부모님은 사파리로 멀리 계시고 하마 유모 등 동물들과 함께 사는 잭 이야기	
38	Branches	4~6	• 스칼래스틱에서 새롭게 출시한 어얼리 챕터북 시리즈 • ≪Missy's≫, ≪Owl Diaries≫, ≪Monkey Me≫, ≪Kung Pow Chicken≫, ≪Dragon Masters≫ 시리즈가 여기에 포함	계속 출간
39	The Berenstain Bears	4~8	**60** • 휴일, 이웃, 가족 생활, 우정 등 10개의 주제로 교훈적 스토리	
40	Horrid Henry Early Reader	5~7	**25** • 장난꾸러기 헨리 이야기 • 챕터북의 에피소드를 컬러 삽화를 곁들여 쉽게 읽을 수 있게 만든 것	계속 나옴
41	Usborne Young Reading	6~10	**150**(1~3단계) • 신데렐라, 벌거벗은 임금님처럼 널리 알려진 이야기부터 새로운 창작 이야기, 논픽션까지 골고루 섞여 있음. 컬러 삽화와 글이 완성도 높음	
42	Magic Tree House	5~8	**52** • 잭과 애니가 마법의 트리 하우스를 통해 인류 최초, 고대, 중세, 현대에 이르기까지, 마법의 사서 Morgan을 도와 책을 구하러 시간 여행을 하는 모험담 • 29권부터 Merlin Missions로 바뀜	계속 나옴

43	Who Comic	7~8	**30** • 우리나라의 김대중 대통령을 포함한 전 세계 위인전(만화책) • 한글로도 나와 있어 많이 읽음
44	The Zack Files	6~7	**30** • 작가인 아빠와 뉴욕에서 사는 10살 잭이 겪는 기상천외한 이야기 • 어린이판 X-Files
45	Tiara Club	7~9	**30** • 공주 학교 이야기 • 타인에 대한 배려, 매너를 배움. 공주 이야기와 마법이 여자아이들을 사로잡음
46	Comix	5~8	**10** • 만화책 형식의 흥미진진한 스토리 영국식 발음
47	Franny K. Stein	9	**7** • 엽기 과학 소녀 프래니의 발명 이야기
48	Marvin Redpost	5~7	**8** • 5살 여동생과 중학생 형을 둔 9살 초등생의 현실과 초현실의 경계선 상에 있는 이야기 • ≪Hole≫, ≪Wayside School≫의 작가 루이스 새커의 가장 쉬운 책
49	Jake Drake	6~8	**4** • ≪Frindle≫의 작가 앤드루 클레멘츠의 가장 쉬운 시리즈 • 평범한 학교생활을 작가적 역량으로 흥미롭게 써 내려감
50	Terry Deary Historical Tales	7~8	**24** • 이집트, 튜더왕조, 그리스, 로마, 기사, 바이킹(각 6권) 이야기로 • 어린이가 주인공이 되어 그 당시의 삶, 역사적 사건을 엿볼 수 있어 흥미로움

* 유튜브 채널 '최근주 TV'에서 '영어책 시리즈 베스트 50'에 대한 자세한 내용을 소개하고 있습니다.

행복한 영어책 읽기
세상을 꿈꾸다

If you love your work, huge energy will follow you.

— Steve Jobs

우연히 이 문구를 봤을 때 나의 가슴은 마구 요동쳤다. 이 문구가 내 마음속을 파고드는 동안 내 주변의 모든 것들은 갑자기 멈춰버린 것 같았다. 정말 커다란 에너지가 저절로 따라오는 그런 일을 찾기를 내가 얼마나 갈망하고 또 갈망했던가? 불씨만 남아 있었던 나의 그 오랜 갈망에 다시 불길이 활활 타올랐다. 다시 내 주변의 시간이 흐르기 시작했을 때, 나는 결심했다.

'그래! 이렇게 살 수는 없어. 반드시 내 가슴을 뛰게 하고, 사랑해서 미쳐버릴 만한 일을 찾고야 말겠어!'

그 당시 나는 유치원 파견 영어 강사를 해온 지 4년째였다. 처음에는 교구도 만들고 율동과 노래를 외우느라 정신이 없었다. 그러나 4년 차가 되니 수업하는 것이 익숙해지고 쉬웠다. 아이들은 예뻤지만 발전 없이 똑같은 것을 매년 반복하는 그 삶에 점점 흥미를 잃어가게 되었다.

내 가슴을 뛰게 할 일이 무엇인지도 모른 채 그걸 찾게 해달라고 간절히 기도했다. 우연히 지인으로부터 엄마표 영어를 하는 엄마들에게 영어책과 DVD를 대여해주고 상담해주는 곳이 있다는 이야기를 들었다. 그때부터 엄마표 영어에 대해서 알아보기 시작했다. 그리고 도서관에서 영어책을 빌려 읽으면서 어떤 영어책 시리즈를 구입해야 할지 선택했다.

내 꿈은 도서관 짓기

인터넷 서점 알라딘에 근무할 당시 직장 동료들에게 내 꿈이 도서관을 짓는 것이라고 얘기한 적이 있었다. 모두들 '그게 될까?'라는 표정이었다. 하지만 영어책은 얇아서 아파트 거실에 놓은 책장에만도 몇천 권이 들어갔다. 영어책들이 가득 꽂힌 책장으로 둘러싸인 거실 한가운데 책상 앞에 앉아 있으면, 중학생 때 작은 창구 사이로 보았던 그 보물 창고에 내가 들어와 있는 것 같았다.

집에서 오픈한 영어 독서 공부방 '무지개빛 영어도서관'은 영어책 대여점의 개념으로 만들었다. 하지만 홍보조차도 어떻게 해야 할지 몰랐다. 구리에서 오픈하기는 했지만, 인접한 서울에서 과외를 몇 년째 했던 터라 그쪽에서만 하겠다는 아이들이 있었다. 그래서 내가 일주일에 한 번 영어책과 DVD를 배달해주는 식이 되어버리고 말았다.

주로 영어 유치원을 나온 아이들이 많아서 일주일에 한 번 30분 정도 방문하여 지난주에 빌려준 영어책에 대한 내용을 영어로 대화하며 확인하고 새로운 책과 DVD를 빌려주는 방식으로 수업을 했다. 차를 남편이 써야 하는 날에는 여행 가방에 책을 담아 가지고 수업하러 가기도 했다. 학생들이 열 명도 채 되지 않았지만 리딩 레벨이 다 달라서 영어책을 계속 사야만 하는 상황이 되자 수입보다 지출이 점점 많아졌다.

남편 월급으로 영어책을 계속 사다 보니 남편은 택배 박스만 보면 또 영어책을 샀냐며 화를 냈다. 나도 남편 눈치가 보여서 퇴근하기 전에 택배 박스를 갖다버리고 책만 얼른 책꽂이에 꽂아놓곤 했다. 영어책 시리즈는 몇십 권을 사도 얇아서 별로 티가 나지 않았기 때문이다. 그래도 카드 값 내는 날이 되면 월급의 상당 부분이 책값으로 나간 것을 알게 될 수밖에 없어서 남편의 따가운 눈총을 피할 길이 없었다.

'왜 엄마표 영어로 안 되지?'

당시 일곱 살, 여섯 살이었던 우리 아이들도 영어책으로 하루 10분 정도 읽고, DVD는 한 시간 정도 봤지만 당장 눈에 띄게 영어가 느는 것도 아니어서 남편의 불만은 점점 커져갔다.

1년 반 정도 이런 식으로 수업을 해나가니 영어 실력이 정말 느는 학생들이 있었다. 하지만 모든 학생들이 기대만큼 늘지는 않았다. 내가 책을 다 대여해주고 내용을 확인하는데도 엄마들은 자녀들에게 영어책 읽히기가 쉽지 않다고 어려움을 호소했다.

'무엇이 문제일까? 엄마표 영어로 다 된다고 했는데……'라는 고민이 슬슬 올라오기 시작했을 때 수업하는 한 어머니가 이런 말씀을 하셨다.

"아이고 선생님, 너무 순진하시네요. 제 주변에는 엄마표 영어에 실패한 엄마들이 수두룩해요. 애들에게 영어책 읽히는 게 얼마나 힘든데요. 그래서 우리 아이들도 선생님에게 리딩 수업 시키는 거잖아요."

아! 나는 얼마나 순진한 바보였던가? 그 어머니의 말을 듣고 비로소 깨달았다. 엄마표 영어로 하면 나는 100퍼센트 다 그렇게 영어가 줄줄 되는 거라 믿었었다. 여러 가지 방해 요소가 있음을 알지 못했다.

몇 년간 영어책을 재미있게 읽을 수 있도록 할 무언가가 필요하다는 것을 그제야 깨닫게 되었다. 이제는 지난 8년간 영어 독서로 아이들을 지도한 경험을 바탕으로, '영어 리딩으로 성공하기 위한 다섯 가지 비결'을 강연할 정도로 영어 독서 전문가가 되었지만, 그때는 완전 초보였던 것이다.

돈 쓰는 법을 바꾸다

이런 고민을 안고 있을 때 사서로 일하고 있던 친구가 "네가 하고 있는 일과 비슷한 일을 하는 사람의 책이 나왔다"며 《공부방의 여왕》을 추천해주었다. 밤새 그 책을 읽으면서 내 고민에 대한 해답이 키즈엔리딩에 있음을 알게 되었다. 당장 그 책의 저자와 통화를 하고 찾아가기도 했지만, 가맹비를 구할 길이 없었다. 남편은 더 이상 투자를 할 수 없다며 돈이 안 드는 일을 찾아 취직을 하든지 하라고 했다. 이제야 내가 평생 찾아 헤매던 그런 일을 찾았다고 생각했는데 내 나이 마흔이 넘도록 500만 원도 모아두지 못했다.

하면 잘할 수 있을 것 같았는데 가맹비를 구할 길이 없어서 키즈엔리딩 대표님에게 메일을 보냈다. "지금은 5만 원밖에 없지만 키즈엔리딩 정말 잘할 수 있으니 나중에 벌어서 갚으면 안 될까요?"라고 부끄럽지만 용기를 내어 썼다. 은행 잔고에 5만 몇천 원이 전부였기에, 5만원을 송금했다. 대표님에게 정중한 거절의 메일이 왔다.

지금은 대표님이 그때 거절해주신 것이 얼마나 감사한지 모른다. 그 일을 계기로 돈 쓰는 법을 바꿨기 때문이다. 솔직히 나는 돈을 아껴 쓰는 편이 아니었다. 그런데 그 사건을 겪으면서 독한 마음이 들었다.

내가 쓰던 두 개의 신용카드를 다 가위로 자르고 체크카드를 만들었다. 그 후로 지금까지 체크카드만 쓰고 있는데, 그게 씀씀이를 절약하는 데 얼마나 큰 도움이 되는지 모른다. 매월 남편 월급날이 되면 신용카드 대금으로 다 나가고 그 다음 날부터 또 신용카드로 살았는데 갑자기 카드를 없애니 쓸 돈이 거의 없었다.

냉동실에 있는 음식으로만 반찬을 만들었다. 남편은 나의 결연한 씀씀이에 좀 놀란 것 같았다. 그러면서 언제까지 가나 하고 관찰하는 것 같기도 했다. 남편이 돈을 대출해주지 않으니 내가 버는 돈을 모아서 키즈엔리딩을 해야겠다고 생각했는데, 한 달에 들어오는 돈이 100만 원도 채 되지 않았다. 게다가 남편 월급은 할부로 구입한 책값으로 거의 다 나가고 있어서 생활비도 부족해서 그 돈을 전부 모을 수도 없었다. 그래도 내가 번 돈은 급한 생활비 외에는 절대 쓰지 않으리라 굳게 결심하고 돈을 모으기 시작했다.

한번은 수업료로 10만 원을 받아서 집으로 운전해서 오는 길에 닭강정이 너무너무 먹고 싶었다. 운전해서 오는 내내 1만 원짜리 닭강정을 사먹을까 말까 고민하다가 결국 닭강정 가게 앞에 주차를 했다. 그 자리에서 10분 넘게 고민하다가 결국 닭강정을 포기하고 그냥 집에 왔다.

남편은 매일 계속되는 냉동실 음식과 김치뿐인 식단에 지쳤는지 아니면 아내의 절실한 바람에 감동했는지, 결국 전세자금 대출을 조금 더 받아서 가맹비를 마련해주었다.

드디어 키즈엔리딩을 오픈하다

2013년 가을부터 하고 싶었던 키즈엔리딩을 다음 해 2014년 5월에 오픈했다. 7개월 동안 마음고생을 한 나는 낮아지고 겸손한 마음으로 영어 독서 공부방을 시작했다. 처음에는 아이들이 많지 않았지만, 구리시 최고의 영어 독서 선생님이 되어야겠다고 스스로에게 다짐했다. 드디어 내 가슴을 뛰게 하는 일을 찾은 것만으로도 너무나 행복했다.

내가 키즈엔리딩을 사랑하는 이유 중의 하나는 항상 영어 독서를 연구하는 원장들과의 깊이 있는 교제와 배움 때문이다. 10주간의 신입 원장 교육이 끝나면 매월 한 번씩 있는 심화 세미나에 참석해야 한다. 이 세미나에서는 어떻게 하면 아이들에게 더 재미있게 잘 영어책을 읽게 할 수 있을지를 토론하고 연구한다.

"나의 1을 내어주고 다른 사람들의 99를 가져가서 100이 되는 곳이 키즈엔리딩이다."

이것은 일산서구 키즈엔리딩 양경희 원장이 한 말이다. 누구나 남보다 잘하는 것 한 가지는 있기 마련이다. 내가 100을 다 잘할 필요는 없다. 나는 1만 내놓고, 99를 가져가서 100을 채울 수 있다.

각기 다른 재능을 가진 원장들이 자기가 가진 것을 움켜쥐고 있는 것이 아니라 그것을 다른 원장들도 쓸 수 있도록 공유하고 나눈다. 원장 카페에는 영어책 공동구매 정보도 수시로 올라오며, 영어 독서와 관련

된 수많은 자료와 정보들이 공유된다. 그래서 내가 잘 못하는 많은 다른 부분들이 있어도 잘하는 분들이 나눈 것을 쓸 수 있고 배울 수 있다.

키즈엔리딩 원장들은 각기 다른 영어 교육 경력을 가지고 있다. 자기 아이를 엄마표 영어로 잘 키우신 분, 영어 교재를 만들었던 분, 방과 후 영어 선생님을 했던 분, 통역을 했던 분, 유치원 강사를 했던 분, 이북 사이트를 만들었던 분, 초등 어학원에서 일했던 분 등 정말 다양하다. 이런 다른 경력을 가졌던 사람들이 영어 독서를 함께 연구하고 그 결과를 함께 공유하는 집단 지성의 힘이 발휘되는 곳이 바로 키즈엔리딩이다.

이런 여러 경험을 가진 원장들에게 끝없이 배울 수 있는 기회가 심화 세미나다. 어떻게 하면 아이들에게 영어책 읽기를 더 잘 시킬 수 있을지를 끊임없이 고민하고 새로운 것도 시도해보다가 한 달에 한 번 심화 세미나 때 만나서 서로 공유한다. 세미나가 끝나고도 대부분 밤 10시, 11시까지 함께 차를 마시고 저녁을 먹으며 영어 독서에 대한 이야기를 나눈다.

해외 서점 탐방을 시작하다

작년부터 시작된 서점 투어는 이런 키즈엔리딩 원장들의 끝나지 않는 책에 대한 사랑을 해외 서점에서도 확인할 수 있는 기회였다. 작년에 갔던 도쿄 서점 투어에서는 츠타야 서점에서 크레용하우스, 무지북스, 마루노우치 리딩스타일, 카모메북스, 마루젠 영어 전문서점까지 여섯 개 서점을 방문했다.

도쿄 타워를 빼고는 2박 3일 동안 서점만 구경하러 다녔다. 그리고 각 서점으로 이동할 때마다 그 서점에 대해 조사해온 것을 차 안에서 발표했다. 서점 투어를 준비하면서 각자 조사할 서점을 원장들이 하나씩 맡았다. 이렇게 서점만 찾아다니며 차 안에서 브리핑까지 하는 여행객들은 처음인지 현지 가이드가 도대체 무슨 일을 하는 분들이냐고 물어봤다.

모든 원장들이 책을 좋아하니 지루하다며 빨리 나가자고 재촉하는 사람이 없어서 여유롭게 서점을 둘러보고 책을 꺼내볼 수 있었다. 도쿄 서점 투어에서 가장 인상적이었던 곳은 유명한 츠타야 서점보다 오히려 카모메북스와 크레용하우스였다.

카모메북스의 설립자는 '사람들이 책을 잘 안 보는 요즘 이런 비일상적인 책이 일상이 되는 공간'을 꿈꾸며 40평 남짓한 곳에 작은 갤러리와 최고의 커피를 맛볼 수 있는 카페를 함께 들여놓았다. 그곳에서는 책 한 권을 꺼내어 보는 것이 굉장히 편안하고 자연스럽게 느껴질 만큼 따뜻하고 아기자기한 분위기가 가득했다.

나도 작년에 학원으로 확장 오픈하면서 자연스럽게 책과의 사랑에 빠질 수 있는 공간이 되기를 바라는 마음으로 인테리어를 했다. 영어책이 특별한 것이 아니라 한글책처럼 자연스러운 일상이 되기를 바랐다. 카모메북스에 들어선 사람들이 그 공간이 주는 마법에 빠져 책을 온전히 즐길 수 있게 되는 것처럼, 키즈엔리딩도 아이들에게 그런 마법에 빠지는 공간이 될 수 있으리라 생각한다.

크레용하우스에서는 책 읽는 다음 세대를 키우는 사명감을 다시 한

번 절감했다. 그것은 바로 설립자인 오치아이 게이코 여사와의 인터뷰를 통해 느낀 것이다. 우리가 방문했을 때 마침 KBS에서 세계 서점 다큐멘터리를 촬영하고 있었다. 정말 너무나 감사하게도 게이코 여사가 우리 팀과의 인터뷰를 허락해주셨다. 특히, 나는 전공했던 일본어 덕분에 그분의 말을 알아듣고 원장들에게 통역해줄 수 있었다.

전쟁이 끝난 1945년경에는 일본 전역이 황폐한 시절이었는데, 게이코 여사의 어머니가 자기 전에 책을 읽어주었다고 한다. 그리고 그것이 너무나 좋은 추억이었다고 한다. 그래서 책을 사랑하는 어른으로 자랐고, 책 읽는 문화를 다음 세대에도 전하고 싶어서 크레용하우스를 서른한 살에 오픈했다고 한다.

도쿄에서의 마지막 날, 아침 일찍 혼자 산책을 하면서 게이코 여사와 함께 《하루 15분 책 읽어주기의 힘》을 쓴 짐 트렐리즈를 떠올렸다. 그도 어린 시절 책을 읽어주신 부모님을 통해서 책을 사랑하는 어른으로 자랐다고 했다.

어린 시절 책에 대한 행복한 추억을 갖게 해주는 것이 얼마나 중요한지 다시 한 번 절절하게 느낀 시간이었다. 책의 가치를 전수하는 엄청난 사명이 내게 있음을 느꼈다.

영어책으로 가득한 영어 학원에서 아이들이 더 즐거운 추억을 쌓게 해주어야겠다고 생각한 끝에 슬립오버 파티(sleepover party)도 다시 해야겠다고 결심했다. 전에 슬립오버 파티의 후유증으로 며칠을 고생했기 때문에 다시는 그 파티를 안 하려고 했었다. 아이들이 잠을 안 자고 밤새 놀려고 해서 잠을 제대로 못 잤더니 며칠 동안 몸이 힘들었다. 그래서 절대로 슬립오버 파티는 하지 않으리라 결심했었는데, 도쿄 서점 투어를 통해 내가 좀 힘들더라도 아이들에게 책과 함께하는 좋은 추억을 어린 시절에 갖게 해줘야겠다는 생각이 들었다.

이번 상하이 서점 투어에서는 독서 강국인 일본에서만큼 책에 대한 애정은 엿볼 수 없었지만, 방문한 다섯 군데 서점 중에서 중수거(鍾書閣) 서점이 인상적이었다. 중수거 서점은 아동 도서 코너의 책장이 특이했고, 바닥에도 유리를 깔아 그 밑에 책을 넣었다. 책 위에 서서 책으로 가득한 벽을 바라보는 것만으로도 행복한 공간이었다.

해외 서점 투어에서는 길을 가든 식당에 앉든 어떤 원장과도 거리낌 없이 자연스럽고 즐거운 대화를 할 수 있다는 것이 정말 신기했다. 친한 원장들이 따로 있는 것이 아니라 누구와 대화를 나누든 재미있었다.

책을 사랑하고 아이들 영어 독서 지도에 대한 열정을 품은 원장들과 매년 이런 서점 투어를 통해 더 깊은 교제를 나누며 함께 성장할 수 있어서 기쁘다.

행복한 영어책 읽기 세상을 꿈꾸는 사람들과 함께 성장하다

앤절라 더크워스의 저서 《IQ, 재능, 환경을 뛰어넘는 열정적 끈기의 힘 그릿》에 다음과 같은 구절이 나온다.

나는 올림픽 선수들을 연구하기 시작하면서 '대체 어떤 괴짜들이 매일 새벽 4시에 일어나서 수영 연습을 하러 가지?'라고 생각했어요. '그런 훈련을 견디다니 기이한 사람들임에 틀림없어'라고 생각했죠. 하지만 모든 사람이 새벽 4시에 일어나서 연습을 하러 가는 곳에 들어오면 자신도 그렇게 하게 됩니다. 그게 별일 아닌 것 같고 습관이 되죠.

나도 그렇게 자기 절제가 되는 사람이 아니거든요. 하지만 논문을 쓰고 강연을 하고 열심히 일하는 사람들에게 둘러싸이니 따라가게 되더군요. 특정 방식으로 행동하는 사람들 속에 둘러싸여 있으면 나도 그들을 따라 하게 돼요.

– 앤절라 더크워스(Angela Duckworth), 《IQ, 재능, 환경을 뛰어넘는 열정적 끈기의 힘 그릿(GRIT)》(김미정 옮김, 비즈니스북스, 2019), 322~323쪽

새벽 4시에 일어나서 수영 연습을 하러 가는 키즈엔리딩 원장은 없겠지만, 나처럼 새벽 3시에 일어나서 키즈엔리딩 관련 작업을 하거나 키즈엔리딩 관련 작업을 하다가 3시에 자는 원장들은 많다.

IQ, 재능, 환경보다 더 중요한 것이 열정 + 끈기를 나타내는 그릿(Grit) 지수라고 이 책은 이야기하고 있지만, 내가 이 책에서 가장 인상적으로 느꼈던 것은 바로 그 열정과 끈기를 갖게 해주는 소속 단체(환경)의 중요성이었다. 어떤 사람들과 같이 있느냐에 따라 나의 열정과 끈기도 달라질 수 있다는 것이다.

나도 영어 독서에 열정을 가지고 있는 사람이지만, 나 혼자였다면 8년 차 경험으로서는 지금 아는 것들을 다 깨닫기에 부족했을 것이다. 하지만 영어 독서에 열정을 가진 전국의 키즈엔리딩 원장들과 함께 연

구했기에 '행복한 영어책 읽기 세상'을 더 크게 꿈꿀 수 있었다. 나 혼자였다면 "영어가 영어책 읽기로 되겠어요?" 하는 의심의 말들을 떨쳐내고 영어 독서를 밀고 나가기가 힘겨웠을 것이다. 실제로 2년간 나 혼자서 영어 독서 공부방을 할 때는 정말 막막했다. 이론과 현실은 정말 달랐기 때문이다.

하지만 키즈엔리딩과 함께한 지난 6년 동안 초등학생들에게 영어 독서를 지도하면서 영어책을 사랑하고 영어를 잘하는 아이들로 성장시키는 기쁨을 누렸다. 그 기쁨은 영어 선생으로서 누릴 수 있는 최고의 만족감이었다.

키리 한 명 한 명을 관찰하고 격려하면서 영어책을 통해 자연스럽게 영어 실력을 키워주는 키리 프로그램을 나는 자랑스럽게 여긴다. 그리고 이 키리 프로그램을 계속 업그레이드해갈 수 있도록 리딩에 대한 연구를 게을리하지 않는 원장들을 존경한다.

지금까지 스물두 개 분원의 신입 원장을 교육하고 전국에 오픈 설명회를 하러 다녔다. 특히 지방 설명회를 갈 때는 깜깜한 새벽에 집을 나서야 했다. 그러나 내가 전국에 이렇게 리딩의 씨앗을 뿌려놓기만 하면, 그 지역의 원장이 예쁘게 성장시킬 것이라 믿었기에 새벽에 일어나 오픈 설명회를 하러 나가는 내 마음은 항상 기쁘고 설레었다.

더 많은 아이들이 영어 독서를 통해 영어를 자연스럽게 배우게 된다면 더 많은 엄마들이 그 결과를 주변에서 보게 될 것이고, 내 아이에게 영어 독서를 시킬 때 조바심내지 않고 기다릴 수 있을 것이다. 내 아이가 영어책 읽기를 끝까지 해내려면 주변에 영어책을 읽는 친구들이 많을수록 좋다고 생각한다. 나 혼자만 영어책을 읽고 있다면 왠지 불안할 수도 있지만, 더 많은 내 친구들이 함께 영어책을 읽는다면 그 재미에 풍덩 빠질 수 있을 테니까 말이다.

아직은 아이들이 한글책 읽듯이 영어책을 읽으면서 영어를 배우는 것이, 마치 새벽 4시에 일어나 수영 연습을 하러 가는 것처럼 부자연스럽고 어렵게 보일 수도 있다. 하지만 친한 친구도, 친척도, 옆집 아이도 재밌게 영어책을 읽는다면 어떨까? 영어 독서가 마치 하루 세끼 밥 먹듯이 아이들에게 일상이 된다면 어떨까? 심심할 때 스마트폰을 꺼내 유튜브를 보는 대신 영어책을 펼쳐 글을 읽는 것이 자연스러운 일상이 된다면?

그 결과 영어를 자연스럽게 배우는 것은 물론이고 영어책을 통해서도 다양한 사람들의 삶을 경험하면서 생각이 자라는 아이들을 그려본다. 그 아이들이 자신만의 생각과 주관을 가지고 반짝이는 눈빛과 의욕을 가진 멋진 청년으로 성장한 모습을 상상한다. 그리고 그런 청년들이 만들어갈 미래의 세상을 기대한다.

책이 일상이 되는 것을 꿈꾸었던 일본 카모메북스의 설립자처럼, 나는 오늘도 영어책이 일상이 되는 행복한 영어책 읽기 세상, 대한민국을 꿈꾼다.

저를 믿어주시고 한없는 사랑을 베풀어주신 어머니 김순필, 언제나 청년같은 열정을 가지신 아버지 최병율, 사랑하는 남편 최성효에게 감사드립니다.

제 삶의 기쁨이자 목적이 되시는 주님, 사랑하고 감사합니다.

최고즉

북큐레이션 • 자녀 교육과 영어 공부 때문에 고민인 사람들이 읽어야 할 책

내 아이를 똑소리 나게 키우고 싶은 학부모를 위한 현명한 자녀 교육법과
영어 때문에 수많은 시행착오를 겪는 사람들을 위한 명쾌한 영어 공부법!

아이와
함께 해볼 수 있는
일상교육
사례 수록

엄마의 라이프 스타일,
아이의 미래가 되다

김은형 지음 | 14,500원

내 아이를 똑소리 나는 인재로 기르는
라이프스타일 에듀 프로젝트

반인반폰, 포노 사피엔스들의 시대에 부모 세대의 성공방정식은 더 이상 통하지 않는다. 아이들은 비단 학교에서만 배우지 않는다. 새 시대에는 부모의 삶과 라이프스타일 그 자체가 아이의 교과서가 된다. 30년간 교육 현장에서 온몸으로 변화를 이끌어온 '스쿨 혁명의 아이콘' 교사 김은형이 '삶으로서의 교육, 교육으로서의 삶, 일상이 교육이다!'라는 철학 아래 미래형 교육법을 제시한다. 성공하는 사람에겐 성공하는 라이프스타일이 있다. 당신의 라이프스타일을 바꾸는 것만으로도 아이와 세상을 변화시킬 수 있다.

초등 교사의
육아 처방전

내 아이의 학교생활

정스런 지음 | 13,800원

현직 초등 교사가 알려주는
우리 아이 속마음 읽는 법 35

초등학생 자녀를 둔 엄마들은 아이들이 학교에서 어떻게 지내는지 잘 모른다. "학교에서 오늘 무슨 일이 있었니?"라고 물어봐도 제대로 대답하지 않거나 짜증을 부리곤 한다. 선생님과 면담을 하면 그제야 엄마가 몰랐던 아이의 학교 사생활을 알게 된다. 집에서는 활발한데 학교에만 가면 암전해지고 말을 안 하는 아이, 친구들과 문제를 일으키는 아이, 선생님이나 엄마에게 거짓말을 하는 아이 등 저자가 교사로 활동하며 상담한 경험을 바탕으로 아이의 속마음을 읽고 아이와 행복한 관계 맺는 법을 엄마들에게 알려준다.

중학교 영어 실력이면 영어로 수다 떨 수 있다

권주영 지음 | 13,800원

외우지 않아도 입이 열리는 영어 말하기 트레이닝
한국어로 말할 수 있다면 영어로도 대화할 수 있다!

영어 공부는 열심히 해도 말만 하려고 하면 입이 떨어지지 않는 사람이 많다. 단어나 문장 구조도 암기하고 공부도 꾸준히 하고, 회화 실력을 높이기 위해 '미드'도 많이 시청했는데 도대체 왜 영어 말문이 트이질 않을까? 이 책은 영어를 공부하기 싫어했던 저자가 어떻게 영어를 술술 말하게 되었는지 소개하면서, 영어 말하기에 대한 심리적 접근법부터 누구나 따라 할 수 있는 영어회화 공부법을 알려준다. 복잡하게 암기하거나 문법을 공부할 필요 없이 알고 있는 단어부터 말하기 시작하면 어느새 영어다운 문장을 만들어 술술 말하고 있는 자신을 발견하게 될 것이다.

스펙, 토익 없이도 취업할 수 있는 전략

영어가 트이는 90일 영어 글쓰기

이명애 지음 | 13,800원

듣기, 말하기, 읽기가
저절로 따라오는 최강의 공부법

영어 '쓰기' 공부만으로 듣기, 읽기, 말하기까지 정복한 저자가 생생한 공부 경험과 팁을 알려준다. 영작문 공부라고 하면 까다롭게 문법을 따져가며 글을 써야 할 것 같지만 저자의 공부법은 훨씬 간단하다. 잘된 예문을 따라 써보고 조금씩 자신의 언어로 바꾸어가며 꾸준히 90일만 써보는 것이다. 중학교 영어 실력도 없던 저자가 영어 쓰기를 통해 영어의 전 영역을 마스터한 경험을 따라가다 보면 누구나 영어에 대한 자신감을 가질 수 있다. 누구나 쉽게 따라 할 수 있는 영어 글쓰기 노하우는 물론 책을 읽고 바로 따라 해볼 수 있는 50일 워크시트까지 담아내 초보 학습자들에게 좋은 길잡이가 될 것이다.

글쓰기 영작 연습 워크시트 수록

키즈엔리딩

Free Test Coupon

레벨 테스트(정가 ₩15000)에 무료로 참여하실 수 있습니다.

키즈엔리딩 전국 분원에서 사용 가능합니다.

리딩이 여왕
브랜드 만족도 1위
- 2018 -